ポジティブ心理学の教科書

はじめに

ポジティブ心理学が公式に誕生したのは一九九八年のことです。アメリカの心理学者マーティン・セリグマンがアメリカ心理学会総会の会長講演において行ったスピーチがその端緒になっています。そのためポジティブ心理学は、生まれてからまだ四半世紀程度の、極めて新しい心理学の領域です。以前の心理学では心の病という暗い面にスポットを当てて、その治療に専念する傾向が強かったと言えます。しかしながら心理学の使命は心の病の治癒のみにあるのではありません。日々の暮らしをより充実させること、健康な人がより健康になること、これらを支援するのも心理学の重要な使命です。この人間生活におけるポジティブな面にスポットを当て、人生の「持続的幸福＝ウェルビーイング」を支援する学問領域、それがポジティブ心理学です。

現在の日本社会を振り返ると、「失われた二五年」「失われた三〇年」と言われるように、いまや右肩上がりの経済成長は過去のものになりました。従来では考えられなかった常軌を逸した犯罪も、停滞する経済がその要因の一つになっていると思えてなりません。

しかし停滞する社会で暮らしているからといって、私たちが幸福な人生の獲得を諦めている訳ではありません。誰もが少しでも心豊かに暮らしたい、生きがいのある人生を過ごしたいと考えているはずです。いま、ポジティブ心理学に熱い視線が集まっているのは、多くの人が持つ「少しでも幸福に生きたい」という希望に対して、ポジティブ心理学が何らかの指針を与えてくれるのではないか、と期待されているからではないでしょうか。

実際、ウェルビーイングの向上を支援するポジティブ心理学では、科学的な研究を通じてその理論や具体的方法を数々編み出してきました。これらを理解して自身の人生に適用していけば、よりウェルビーイングの高い生活を送れるに違いありません。本書はそのための基本知識を提供するために執筆したものです。

本書の構成について簡単にふれると、第一章ではポジティブ心理学の基本的な立場をできるだけ平易かつコンパクトに解説しました。まず、この章を読んで、ポジティブ心理学の全体像をざっくり捉えてください。

続く第二章では、ポジティブ心理学の基礎理論にあたるPERMA理論について解説しています。PERMAはウェルビーイングを構成する五要素で、「P：ポジティブ感情」「E：エンゲージメント・没入・没頭」「R：関係性」「M：意味・意義」「A：達成」からなります。この五要素を総合的に向上させることで、私たちのウェルビーイングは高まると考えるのが、ポジティブ心理学の基本的な立場になっています。

さらに第三章から第七章では、ＰＥＲＭＡを総合的に向上させるための理論や具体的方法を多様な面から考察しています。その中では、ポジティブ感情を増やす方法やポジティブな人間関係の築き方、「強み」の育て方、フロー体験に至る方法、やり抜く力（グリット）の重要性、レジリエンスとストレス・コーピングの方法など、ポジティブ心理学に欠かせないトピックを網羅しています。第二章までが基本編とすると、第三章以下は応用編あるいはＰＥＲＭＡを底上げするための理論・方法編の位置づけになるでしょう。

そして最後の第八章ではポジティブ心理学の応用と今後の課題について述べています。以上を通じて、ポジティブ心理学の全体像を示すのが本書です。

本書がポジティブ心理学を理解する一助となり、読者皆様のウェルビーイングに少しでも役立てば著者として幸いです。

目次

第一章　ポジティブ心理学とは何か

●ポジティブ心理学の成立と定義

「ほら、あの人って、いつもポジティブだよね」

「ポジティブな意見をいただきありがとうございます」

「このアイデアをポジティブな面から評価してください」

ここに挙げた例のように、いまや「ポジティブ」は日本語の一部になっているように思えます。ポジティブをあえて日本語に訳す場合、一般には「肯定的な」「前向きな」「建設的な」「積極的な」「楽観的な」などが用いられます。いずれも好意的な意味合いが強調されており、私たちが単に「ポジティブ」と表現する場合、ここで列挙した日本語訳を総括的に表現しているといえるかもしれません。

ですから、「あの人って、いつもポジティブだよね」と言った場合、「あの人って、いつも肯定的で、前向きで、建設的で、積極的で、楽観的だよね」と表現していると考えられます。これではちょっと長いですから、単に「ポジティブ」なわけです。

本書はこの「ポジティブ」を冠した「ポシティブ心理学」の全体像を、その名は聞いたことがあるし興味もあるけれど、内容はよくわからない、と思っている人向けに紹介する入門書です。

では、そもそもポジティブ心理学とは何なのでしょうか。

ポジティブ心理学は心理学の一分野であり、従来の心理学の研究が主に心の病理や問題に焦点を当ててきたのに対し、病を持たない人がよりウェルビーイング（持続的幸福。この言葉の意味は第二章で詳しくふれます）の高い人生の実現に焦点を当てています。その際にポジティブ心理学は、科学的アプローチを基礎として知見を追求し、その知見の実生活への応用を目指しています。その意味で机上の空論ではなく実用面も視野に入れた実際的な学問だと言えるでしょう。

ポジティブ心理学の歴史は決して長くありません。公式に誕生したのは一九九八年のことであり、現在に至るまで四半世紀がようやく経過した程度です。この年にアメリカ心理学会会長に就任した心理学者マーティン・セリグマンが、アメリカ心理学会総会の会長講演において、今後の心理学におけるポジティブ心理学の必要性を説きました。現在ではこれが公式の場にポジティブ心理学が登場した最初だと考えられています(1)。

セリグマンについて一言ふれておくと、ポジティブ心理学を提唱した当時もいまもペンシルベニア大学の心理学教授で、その後同大学にポジティブ心理学センターを創設し現在もディレクターを務めています。ポジティブ心理学を提唱する以前は、動物実験を通じて、人はいくら努力しても期待した成果が得られない場合、「何をやってもムダ」と感じるようになると考え、これを「学習性無力感」として提起したことで知られていました。

ポジティブ心理学が今後なぜ必要になるのか、その理由は先にふれたアメリカ心理学会総会におけるセリグマンの会長講演からうかがい知ることができます。この公演の中でセリグマンは次のように述べています[2]。

第二次世界大戦以後の心理学は、疾病に注目し、疾病からいかにすれば回復できるのか、この点に精力を集中してきました。実際、五〇年前には不治と考えられていた、少なくとも一四にものぼる精神疾患について、現代では適切な治療法が開発されています。もちろん、精神的疾病の治癒は極めて意義あることです。しかしこれが心理学にとって重要なことのすべてではありません。健全な人々が人生のさまざまな出来事を乗り越えて、「良い人生」「ウェルビーイング」を実現するにはどうすべきなのか。精神的疾病の回復にあまりにも目を向け過ぎていた心理学は、この問いに十分に答えられるだけの知識を持ち合わせていません。

そこで、心理学的な苦悩に苛《さいな》まれている人を救うのと同様に、健康な人々のよりよい人生を支援する心理学を推進し、従来のアンバランスの修正が重要になります。セリグマンはその役目を担うのがポジティブ心理学だとし、その推進をこの会長公演で宣言しました。のちにセリグマンはこう述べています。

「人は弱点を補うだけでは幸せになれない。自分自身のマイナス五の部分をマイナス三にするための方法をあれこれ考えて、日に日に悲惨な状況におちいっていくよりも、プラス二の部分をプラス七にステップアップする方法を考えたほうが、人は幸せになれる」(3)

その理論や方法を科学的に究明するのがポジティブ心理学にほかなりません。

●ポジティブ心理学が注目される理由

ポジティブ心理学が注目されるようになった背景には、確かにセリグマンが言うように、健康な人がより健康になるための理論や方法に対する心理学へのニーズがあったからでしょう。しかしながらその背景には、単に心理学の領域に閉じたニーズよりも、より大きな社会的変化があったように思います。その一つが幸福追求の価値観の変化です。

私たちは長らく、人生の成功は、物質的な豊かさや社会的な地位の獲得だと考えてきました。しかしその一方で、物質的な成功だけが本当の幸福や満足感につながるのかと疑問を抱き続けてきました。実際、物質的に豊かでなくても幸福度が高い国もあります。では、人間の幸福を決めるキー・ファクターは何なのか。こうした問いと真剣に向き合う中、その答を見出してくれそうな学問分野として、ポジティブ心理学にスポットが当たるようになったと思えます。

図1：日本の名目ＧＤＰの推移

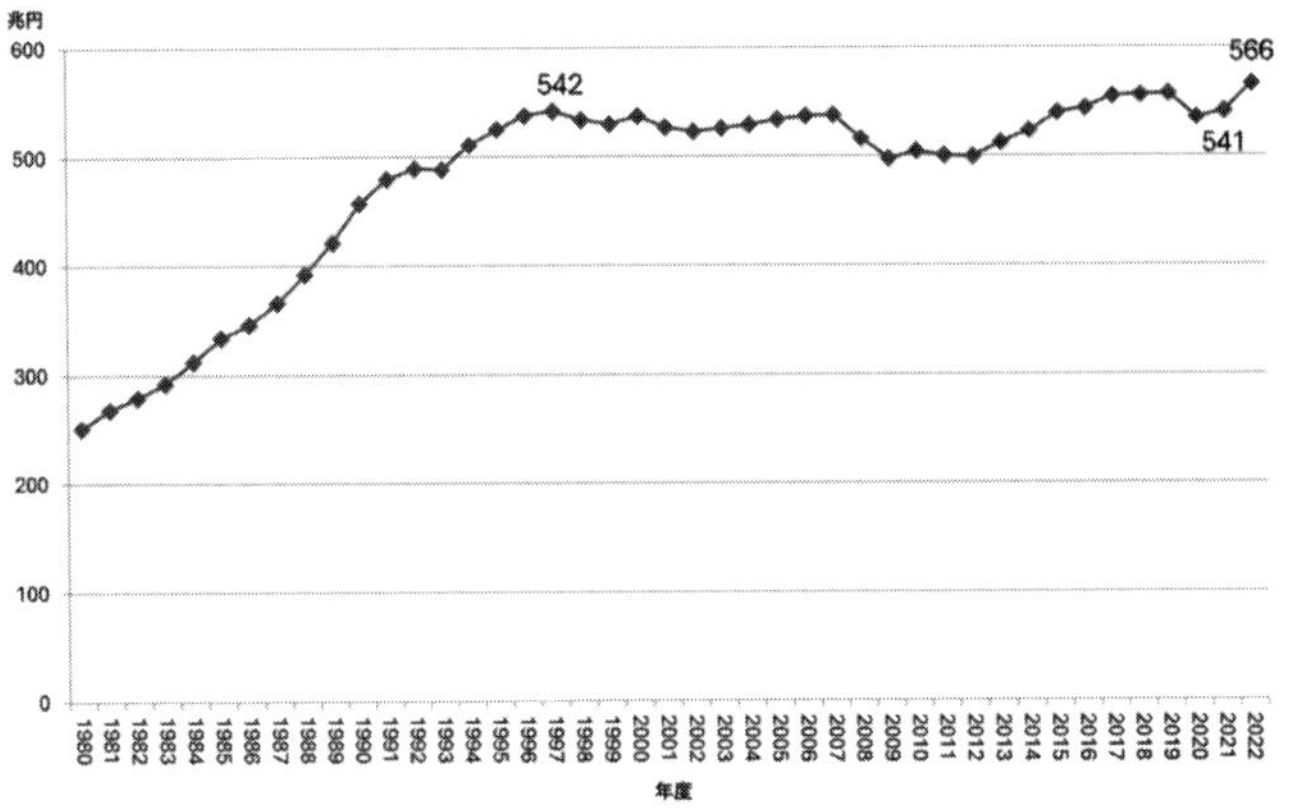

出典：内閣府（https://www.esri.cao.go.jp/jp/sna/menu.html）

　また、日本に限定して考えてみると、経済が右肩上がりの時代には、物質的な豊かさが次々と手に入ったため、これが幸福や満足感を充足してくれると思い込むことができました。ところが、一九九〇年代後半に入ると、日本経済は長い停滞の時期に入ります。それを物語るのが内閣府による名目ＧＤＰの推移に見る長期停滞です（図１参照）。一九九七年度を境にしてその後は微増微減を繰り返し、四半世紀後の二〇二一年度のＧＤＰ規模（五四一兆円）は一九九七年度（五四二兆円）をわずかに下回るものでした。ただし二〇二二年度には、初めて五六〇兆円台を達成し五六六兆円と過去最高を記録しました[4]。しかし、一九九七年度からわずか二四兆円を積み増すのに二五年を要したのですから、この間まさに日本経済は長期停滞状態だったことがわかります。

図2：各国・地域の名目ＧＤＰの推移

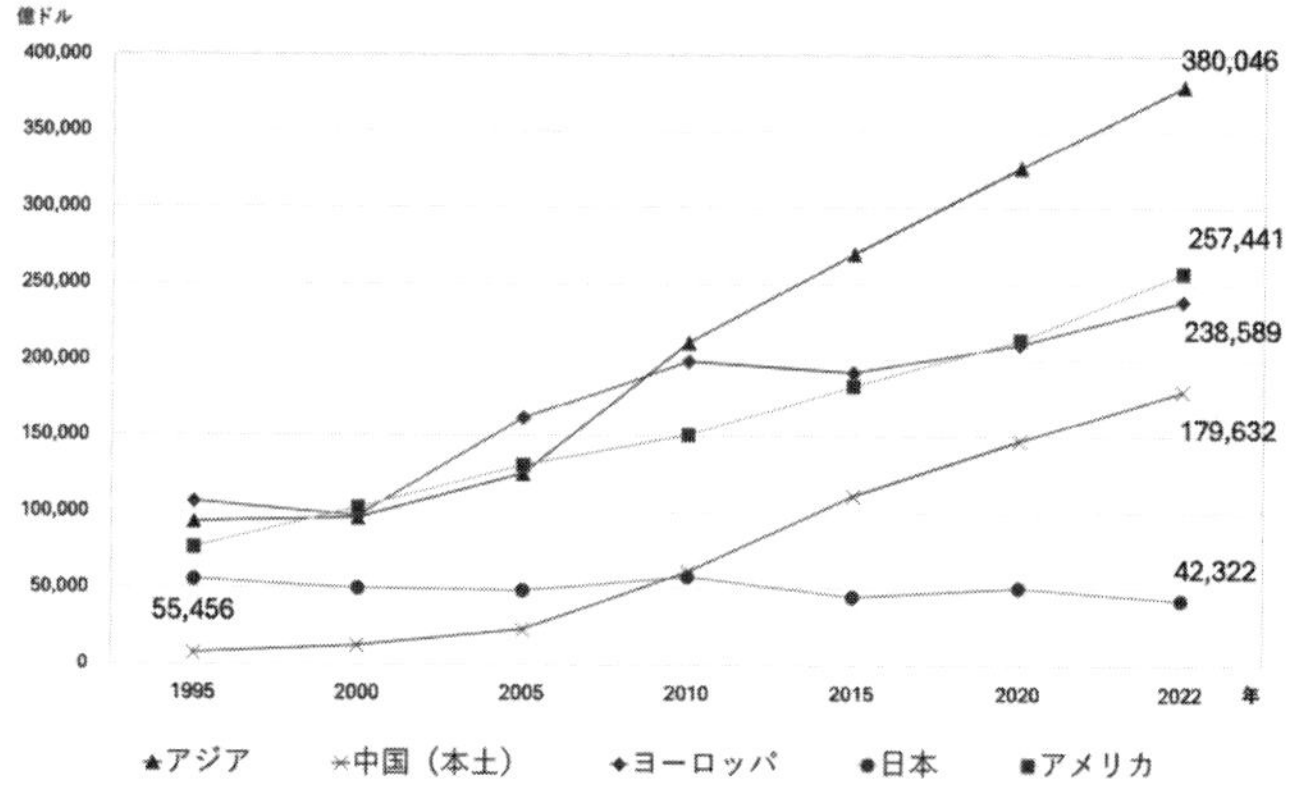

出典：国連（https://unstats.un.org/unsd/snaama/Basic）

驚くのはその間の世界各国の経済成長です（図2参照）。こちらは国連が公表しているデータで、主たる世界各地域・各国の名目ＧＤＰの推移をドルベースで見たものです[5]。停滞する日本経済を尻目に、世界の経済が大きく伸びているのがわかります。一九九五年と二〇二二年を比較すると、中国の二四・四倍はともかく、アメリカで三・四倍、ヨーロッパでも二・二倍の経済成長を達成しています。これに対して日本は〇・七六倍と、経済成長どころか大きく経済衰退していることがわかります。

　このような日本の経済状況を「失われた二五年」や「失われた三〇年」と呼ぶわけです。しかしながら、経済が停滞しているからといって、人間による幸福の追求がやむわけではありません。経済が停滞し不景気であるならば、それを事実と受け止めつつ、その中でも何とか幸福でありたいと思うのが人情です。その解を見つけるための学問として、ポジティブ心理学に対する注目が集まっているように思います。むしろ停滞感漂う日本だからこそ、ポジティブ心理学に対する期待がより一層高まっているのではないでしょうか。

実際、ポジティブ心理学では、幸福感や生活満足度の向上、さらにはウェルビーイングの向上に焦点を当て、そのための理論や具体的手法を明らかにしてきました。これらを実社会に活用すれば、ポジティブ感情の継続的維持や目標に向かってやり抜く強い意志の形成、苦境に打ち克つレジリエンスの獲得など、心身双方の健康増進を促せます。このようにポジティブ心理学の効果は計り知れません。

仮に社会のメンバー全員がポジティブ心理学の知見を活用すれば、社会全体の幸福度が増すに違いありません。それはもはや経済成長だけには頼れない日本の人々が心の安寧を得るためにも、とても重要なことのように思えます。

●ポジティブ心理学の全体像を平易に知るために

以上、ポジティブ心理学の基本的な定義と注目される理由について述べてきました。これらを前提に本書では、ポジティブ心理学の全体像を平易に解説したいと思います。以下、本書の構成についてやや詳しくふれておきます。

創設当時のポジティブ心理学は、人の幸福の追求を支援する理論や方法の研究を主目的としていました。ところが近年では、幸福よりも持続的幸福、いわゆるウェルビーイングの向上を目指す研究が、ポジティブ心理学の中心テーマになっています。ウェルビーイングは構成概念（複数の要素が集まって成立する概念。のちに詳しく説明します）であり、ウェルビーイングを研究し測定するにはあらかじめ構成要素を特定しておかなければなりません。何を構成要素にするかはいまでも議論が続いていますが、その有力な仮説の一つとしてセリグマンが提唱したＰＥＲＭＡ理論があります。これは「①ポジティブ感情（Positivity）」「②エンゲージメント・没入・没頭（Engagement）」「③関係性（Relationships）」「④意味・意義（Meaning）」「⑤達成（Accomplishment または Achievement）」の五要素からなり、ＰＥＲＭＡ理論ではこれら五要素を総合的に向上させれば、ウェルビーイングも高まると考えています。本章に続く第二章では、ポジティブ心理学の基礎理論ともいえるＰＥＲＭＡ理論について、詳しく説明したいと思います。

ウェルビーイングを決定づけるＰＥＲＭＡの冒頭に来るのが「①ポジティブ感情（Positivity）」です。人間にはポジティブ感情とネガティブ感情の双方が必要です。ただし、さまざまな研究から、ポジティビティが高いと、長寿や健康、幸せ、ウェルビーイングにより良い影響を及ぼすことがわかっています。第三章では、ポジティブ感情の持つパワーをさまざまな科学的研究を通じて紹介した上で、ポジティブ感情を増やす具体的な方法について考えてみたいと思います。

続く第四章では、やはりウェルビーイングの向上を直接左右するポジティブな人間関係の構築について考えます。人間は一人では生きていけません。誰もが何らかのグループに所属し、パートナーや仲間と一緒に暮らしていくものです。そこには自ずと複雑な人間関係が生じます。この人間関係に問題があるとウェルビーイングの高い生活は困難になります。ポジティブ心理学では、そうならないためのスキルを多数開発し提唱してきました。この章ではこれらのテクニックを具体的に見ていくことになるでしょう。

さらに第五章では、古くから議論の的になっている「才能と努力はどちらが重要なのか」の話から始めます。その上で、努力の結果得られる、私たちそれぞれが持つ独自の「強み」に焦点を合わせます。自身が持つ「強み」は何かを達成するための源泉です。何かを達成すると、人は自己効力感を持ち、もっと努力する気になります。これにより私たちの強みはより強化されます。そもそも、最初から強みを持っている人などいません。それは長い時間をかけて自分の強みとして育てるものです。他人と差別化しうる強みは、ＰＥＲＭＡそれぞれに好影響をもたらし、ウェルビーイングの向上に大きく役立ちます。第五章ではこれらの点について順を追って説明したいと思います。

自分の強みを自他とも認める強みに育てるには、とても長い時間がかかります。その長さは一般に一万時間が必要になるといわれており、これを「一万時間の法則」と呼びます。ただし、漫然と時間をかけていても強みは強化できません。適切な目標に準じた訓練が必要になります。では、どうすれば人は長期間の厳しい訓練に耐えられるのでしょうか。その有力な回答の一つになるのが適切な目標の設定です。目標は人にやる気を呼び起こします。また、目標の達成に人は希望を見出します。結果、熱意と粘り強さが生まれ、長く辛い訓練にも耐えられるようになります。この「熱意×粘り強さ」を「やり抜く力＝グリット」と呼びますが、第六章ではこれらの重要性について説明します。

私たちの日々の生活にはストレスがつきものです。そもそもストレスのない生活など考えられないでしょう。そうであるならば、ストレスと上手に付き合っていくことがウェルビーイングの鍵となります。そのため欠かせないのが、やり抜く力とも関係が深いレジリエンスです。レジリエンスとは、人が困難や逆境に対処したり、ダメージから回復したりする基本的な能力を指します。この能力を高めるにはストレスと上手に向き合うテクニックが欠かせません。このテクニックをストレス・コーピングといいます。第七章ではレジリエンスの基本概念について整理したあと、具体的なストレス・コーピングについて考えることになります。

最終章になる第八章では現在ポジティブ心理学が積極的に応用されている分野について確認します。その上で、今後ポジティブ心理学が向き合っていくべき課題を整理して本書の締めくくりにしたいと思います。

以上をまとめてみます。ポジティブ心理学はウェルビーイングの向上を目指す学問です。ウェルビーイングは構成概念であり、主に「ＰＥＲＭＡ」からなります。これら五つの構成要素それぞれのレベルを総合的に高めることでウェルビーイングは向上します。そのためには、自分自身の「強み」に目覚め、人生の「目標」を次々と達成していくことが重要になります。それには「情熱」と「粘り強さ」、すなわち「やり抜く力＝グリット」が不可欠です。そしてこのやり抜く力を強化するのが、打たれ強さやダメージからの回復力を示す「レジリエンス」です。これらを手中にすることで高いウェルビーイングの獲得を目指します――。これが本書のおよそのストーリーです。

各章とも平易な表現に心がけましたから、ポジティブ心理学に初めてふれる人でも、問題なく読み進めていけると思います。それでは、いざ、ポジティブ心理学の細部に斬り込んでいくことにしましょう。

【文献】
（１）鳥井哲志編『ポジティブ心理学』（ナカニシヤ書店、二〇〇六年）五頁
（２）鳥井哲志編、前掲書二二～二九頁。同書の中に、一九九八年次のアメリカ心理学会総会におけるマーティン・セリグマンの会長講演の全文が「２１世紀の心理学の２つの課題」として収録されている。

（3）マーティン・セリグマン『世界でひとつだけの幸せ』（小林裕子訳、アスペクト、二〇〇四年）七頁
（4）内閣府ホームページ（https://www.esri.cao.go.jp/jp/sna/menu.html）
（5）国連ホームページ（https://unstats.un.org/unsd/snaama/Basic）

第二章　幸福とウェルビーイングの科学

●世界幸福度ランキング

二〇一二年、国連は社会の持続的発展に関する問題について取り組む「サステナブル・デベロップメント・ソリューションズ・ネットワーク（ＳＤＳＮ）」を設立しました。同組織では、世界の環境・社会・経済問題の解決と持続可能な社会の実現に向けた方策の世界各国による共有を目的に活動しています。

このＳＤＳＮが報告書「ワールド・ハピネス・リポート」を二〇一二年より、二〇一四年を除いて毎年一回公表してきました。このリポートは、今日の世界における幸福の状況を検証し、幸福の個人差や国民差の科学的説明を目的にしています。「ワールド・ハピネス・リポート」のウェブサイト（https://worldhappiness.report）に行けば、誰でもリポートをダウンロードできます。

「ワールド・ハピネス・リポート　２０２３」では、世界の一三七の国々について、二〇二〇年から二〇二二年の三年間を対象に、その国々が有する幸福度の平均について調査したデータとランキングを収録しています。調査方法としては、米ギャラップ社の世論調査をベースに、各国の約一〇〇〇人を対象に、生活評価（最近の自分の生活にどれくらい満足しているか）を尋ね、「〇（完全に不満）」から「一〇（完全に満足）」の一一段階で答えてもらう方式を採用しています。

最新のリポートで幸福度一位になったのはフィンランドで平均幸福度は七・八〇四でした。[1] 二位はデンマークの七・五八六、三位はアイスランドの七・五三〇でした。肝心の日本を見ると平均幸福度は六・一二九と全体の四七位にとどまっています。G7諸国のランクを見ると一三位にカナダ（六・九六一）、一五位にアメリカ（六・八九四）、一六位にドイツ（六・八九二）、一九位にイギリス（六・七九六）、二一位にフランス（六・六六一）、三三位にイタリア（六・四〇五）になりました。ご覧のようにG7諸国における日本の幸福度は大差がついての最下位です。また、アジア地域を見ると二五位にシンガポール（六・五八七）、二七位に台湾（六・五三五）がランクインしており、日本よりも高い幸福度を達成しています。

同調査では、幸福度を回答した上位半分と下位半分のそれぞれの平均値を算出し、そのギャップについても、国や地域ごとに報告しています。最もギャップが小さいのはアフガニスタンで一・六七二になりました。[2] 同国は先の幸福度ランキングで一三七カ国中最下位の一・八五九になっています。つまり国民の大半の幸福度が低く、その差が小さい結果になったようです。二位はオランダの一・

七八七、三位はフィンランドの一・九一七となっており、フィンランドは幸福度が非常に高い上、格差も小さいことがわかります。

この調査でも日本の置かれた位置はあまり芳しくありません。日本は全体の四〇位でギャップは三・一六四になりました。G7の中ではフランスが一〇位（二・五〇〇）でトップになっています。以下、一五位にイタリア（二・六〇九）、一九位にドイツ（二・六八二）、二一位にイギリス（二・七一七）、三一位にカナダ（二・八六七）、三四位にアメリカ（二・九三五）となりました。いまや日本社会は「失われた三〇年」が象徴するように、重苦しい停滞感が、私たちの低めの幸福度や相対的に大きな幸福度格差に如実に反映されているようです。

●幸福からウェルビーイングへ

もっともここでの主眼は、調査データから日本の幸福度の低さを嘆きたいわけではありません。注目したいのは幸福度ランキングのベースになっている生活評価についてです。これは「最近の自分の生活にどれくらい満足しているか」を問うものです。確かに、回答者のその時点での幸福度を調べるのに、「最近の自分の生活にどれくらい満足しているか」を問うのは意味があるでしょう。しかし、生活の満足度は直近にあった出来事に大きな影響を受ける可能性があります。例えば、質問を受ける前日に友人と口論した人は、満足度を低めに回答するに違いありません。逆に昨日に何かいいことがあれば、満足度を高めに回答する可能性が高くなります。

実際、生活の満足度調査では一瞬の気分が回答を左右します。一例を示しましょう。マンハイム大学の心理学者フリッツ・ストラックらは、被験者を二つのグループに分けてそれぞれ次の質問を行いました[3]。一方のグループAには「①あなたは幸せですか?」と質問して回答を得た上で「②デートには満足していますか?」と尋ねました。これに対してもう一方のグループBでは質問の順番を逆にして、最初に「①デートには満足していますか?」と尋ねてから、「②あなたは幸せですか?」と聞きました。

実験の結果、グループAでは、①と②の質問の相関が「〇・一六」と極めて低いことがわかりました。これに対して、グループBでは、①と②の質問の相関が「〇・五五」に大きく上昇しました。この結果は何を意味するかといえば、グループAでは二つの質問を独立した別個のものとして捉えています。対してグループBでは相関が〇・五以上と高いことから、①と②を関連する質問と捉えていることがわかります。その結果、先にデートの質問に刺激された被験者は、それに引きずられる格好で②の質問に答えているわけです。つまり、デートに満足している人は②の質問で「幸せ」と答える可能性が高いでしょうし、そうでない人は「幸せでない」と答える可能性が高くなります。この実験が示すように、私たちの主観的な幸福感は非常にうつろいやすいものです。

ポジティブ心理学においても当初は「幸せ」をテーマとして、その評価基準を「人生の満足度」

と捉えていました。この立場からすると、ポジティブ心理学の目的は「人生の満足度の増大」になるでしょう。しかし、人生の満足度は一瞬の気分に代表される傾向が強まります。この点を回避するために、ポジティブ心理学では、「幸福」や「幸せ」に関する研究から、人が「ウェルビーイング」の実現を達成できる研究に方向を調整して現在に至っています。

　ところで、本書ではすでにウェルビーイングの語を何度も用いてきました。ただこの言葉自体はまだ一般的ではないように思います。そこで、ここでは改めてその意味を明瞭にしておくのが適切でしょう。

　ウェルビーイングについては、ＷＨＯ（世界保健機関）の、「健康」に関する定義に次の表現が出てきます。日本ＷＨＯ協会の訳で紹介すると、「健康とは、病気でないとか、弱っていないということではなく、肉体的にも、精神的にも、そして社会的にも、**すべてが満たされた状態**にあること」[4]（文字強調は筆者）となっています。この一文を原文で見ると「Health is a state of complete physical, mental and social **well-being** and not merely the absence of disease or infirmity.」[5]（文字強調は筆者）になります。つまり「（身体的、精神的、社会的に）完全に良好な状態」がウェルビーイングであり、ウェルビーイングであることが健康と同義になります。

　また、身体的や精神的、社会的といった多様な要因からなる健康の概念に、「その一瞬」のニュアンスは含まれていないと考えるのが妥当です。それには持続性が欠かせず、これがあって初めて健康だといえます。よって、健康であることは持続的なウェルビーイングであることになります。ただし、健康がすなわちウェルビーイングですから、この言葉自体にも「持続的な」のニュアンスが含まれていると考えるべきです。以上から本書では、「(身体的、精神的、社会的に）完全に良好な状況が持続している状態」をウェルビーイングの基本概念にしたいと思います。

●ウェルビーイングとPERMA理論

本章の冒頭で見た「ワールド・ハピネス・リポート」では、その国の幸福度（あるいはウェルビーイング）に影響を及ぼす要因として、①1人当たりGDP（国内総生産）、②社会的支援、③平均健康寿命、④人生選択の自由、⑤寛容性、⑥汚職に対する認識、これら六つを挙げています。[6] また、WHOによる健康の定義は個人に目を向けたものであり、身体面、精神面、社会面の三つの要素がトータルに良好である状態がウェルビーイングの鍵になっています。もちろん、ウェルビーイングを達成するための要素、言い換えるとウェルビーイングのメカニズムを説明するための諸概念は、他の視点からも考えられます。

以上からわかるのは、ウェルビーイングが「構成概念」の一つだということです。[7] 構成概念は心理学用語の一つで、観察可能な要素から理論的に構成される概念を指します。例えば気象学の「天気」は構成概念の一つであり、直接的に観察したり測定したりはできません。構成概念である天気を決定するのは、気温や湿度、風速、気圧、それに空に雲があるかないかなど、多様な要素からなります。また、「自由」についても同様です。自由を決定するのは、選択の自由や言論の自由、出版の自由、信教の自由、政治的信念の自由など、さまざまな要素からなります。ウェルビーイングも天気や自由と同様、さまざまな要素からなる構成概念の一つであり、直接的に観察・測定ができません。そのため、その構成要素の特定が、ウェルビーイングの研究や測定には不可欠になります。そして、この構成概念としてのウェルビーイングを説明する最も有力かつオーソドックスな立場の一つにＰＥＲＭＡ理論があります。

ＰＥＲＭＡ理論はポジティブ心理学の重鎮マーティン・セリグマンが提唱したもので、五つの構成要素からウェルビーイングを説明します。それは「①ポジティブ感情（Positivity）」「②エンゲージメント・没入・没頭（Engagement）」「③関係性（Relationships）」「④意味・意義（Meaning）」「⑤達成（Accomplishment または Achievement）」の五つです。英語の頭文字をとるとＰＥＲＭＡになるのがわかります。ウェルビーイングな人生は、客観的に測定可能なこれら五つの要素すべてを最大化することで実現できる、とセリグマンは主張しています[8]。

五つの要素の詳細については次節以降で解説しますが、ここではすべての要素に共通する特徴についてふれておきます。まず、各要素はもちろんウェルビーイングに関係していますが、ウェルビーイングを決める決定的な要素は一つもありません。いずれの要素もあくまで構成要素の一つであって、そのトータルがウェルビーイングを決定づけます。

また、概念を構成する個々の要素が測定可能な点も五つの要素に共通します。これは天気を構成する気温や湿度が測定可能であるのと同じです。特にポジティブ心理学では、この測定可能性について慎重な態度をとります。それはポジティブ心理学が科学的学問であることと深く関係しています。客観的な数字の提示は科学的要件の一つです。この点をないがしろにした態度は科学的とはいえません。そのためPERMA理論では、科学的要件を満たすため、ウェルビーイングの構成要素に測定可能なものを選択しているわけです。

右記以外にも五つの要素には共通点があります。いずれもそのものの良さのために多くの人がこれらの要素を追求する特徴を持ちます。さらに、五つの要素はそれぞれが他の要素からは独立しており、単独で定義、測定できる点です。それでは引き続き、PERMA理論を構成する五つの要素それぞれについて詳しく見ていくことにしましょう。

●P：ポジティブ感情

まずはPERMAの「P」にあたる「ポジティブ感情」からです。第一章でもふれたように、多くの外国語と同じく、「ポジティブ」もほとんど日本語化しました。あえて日本語に訳すと、「肯定的な」「前向きな」「建設的な」「積極的な」「楽観的な」になります。一方、これが「ポジティビティ」

のように名詞形をとると「肯定的であること、肯定的な態度」「前向きであること、前向きな態度」「建設的であること、建設的な態度」などの意味になります。

また、この「ポジティブ」に「感情」を加えて「ポジティブ感情」にすると、「肯定的な態度・前向きな態度・建設的な態度の際に私たちが持つ感情」の意味になります。ポジティブ心理学者バーバラ・フレドリクソンは、ポジティブ感情を一〇種類に分類し、①喜び、②感謝、③安らぎ、④興味、⑤希望、⑥誇り、⑦愉快、⑧鼓舞、⑨畏敬、⑩愛としました。[9] さらには楽しみや歓喜、恍惚感、希望、感動といった感情も加えられるかもしれません。これらのポジティブ感情が多いほど、私たちのウェルビーイングが高くなることは、容易に想像できると思います。このことはネガティブ感情と比較するとより明瞭になります。

ネガティブはポジティブの対語です。こちらもほとんど日本語化しています。先に挙げた「ポジティブ」の訳語に準じると、ネガティブは「否定的な」「前向きでない」「非建設的な」「消極的な」「悲観的な」となります。非建設的であることは破壊的であることに通じます。実際、ネガティブな言動や態度は、相手や自分を破壊する場合があることを、皆さんもよく承知だと思います。

ポジティブな生き方とネガティブな生き方を端的に表現すると次のようになるでしょう。皆さんならばどちらの生き方を選びますか。

①ポジティブな生き方：私はどちらかといえば、楽しく、快活で、夢あふれ、喜び合える生活をしていたい。
②ネガティブな生き方：私はどちらかといえば、悲しく、ふさぎ込み、文句を言い、怒り狂う生活をしていたい。

おそらくほとんどの人が反射的に①を選ぶのではないでしょうか。反射的とは生得的と言い換えてもいいかもしれません。つまり人は生得的にポジティブな生き方を志向しています。また、より綿密に検討しても、①の生き方のほうが明らかに健康的、つまりウェルビーイングの度合いが高いといえます。つまりウェルビーイングにはポジティブ感情が欠かせないわけです。ポジティブ感情の重要性については、第三章でさらに詳しくふれたいと思います。

●Ｅ：エンゲージメント・没入・没頭

エンゲージメントは、一般に婚約や約束、取り決め、予定などを指しますが、ポジティブ心理学で用いた場合、「何かに熱心に参加・従事すること」「何かに熱中して没入・没頭すること」を指します。ハンガリー出身でアメリカに帰化した心理学者ミハイ・チクセントミハイは、何かに熱中して我を忘れている状態を「フロー」と表現しました（フローやチクセントミハイについては第五章で詳しくふれますが、彼はポジティブ心理学の創設者の一人です）。

暇を持て余していたり、気の進まないことをやらされていたりしたらフローを得るのは困難です。そのため、意欲を持って取り組めることに積極的に参加してフローな状態を得ることは、ウェルビーイングには欠かせない要素になります。中でも多くの人は睡眠を除くと一日の半分程度仕事に従事しています。また、労働年齢期間で考えると人生全体の四分の一から三分の一を仕事が占めます。よって、仕事に没入や没頭できる、言い換えると仕事からフローを得られると、ウェルビーイングの向上に大きく貢献します。そのため、エンゲージメントの中でも、ワーク・エンゲージメント（仕事への熱意）の語があるほどです。

ワーク・エンゲージメントは厚生労働省の白書でも取り上げられている言葉です。厚生労働省『令和元年版 労働経済の分析』では、「仕事に関連するポジティブで充実した心理状態」としてワーク・エンゲージメントを位置づけ、三つの側面からその特徴を定義しています[10]。

①仕事から活力を得ていきいきとしている（活力）。
②仕事に誇りとやりがいを感じている（熱意）。
③仕事に熱心に取り組んでいる（没頭）。

この三つが揃った時、ワーク・エンゲージメントの度合いは高まり、その結果、仕事を通じてフローを得られる可能性が高まります。引いてはウェルビーイングの向上に大きく寄与します。

このワーク・エンゲージメントの意味をより明瞭にするには、隣接する言葉であるバーンアウト、ワーカホリズム、職務満足感についても理解しておくのがよいでしょう。バーンアウトは「燃え尽き」または「燃え尽き症候群」のことです。従事している仕事に価値が見出せず、活動水準が極めて低水準な状態です。ワーク・エンゲージメントの対極に存在するのがこのバーンアウトです。

また、ワーカホリズムは、仕事に対する活動水準は非常に高いのですが、残念ながらその活動にあまり価値を見出していない状態を指します。さらに、職務満足感は、ワーク・エンゲージメントと同様、従事する仕事に高い価値を認めています。しかしながら、仕事そのものに没頭しているわけではないので、この点でワーク・エンゲージメントとは異なります。

●R：関係性

人と人との人間関係を意味します。良好な人間関係はウェルビーイングの基本中の基本になります。これは人間の進化をたどるとよくわかります。

そもそも人間は、猛獣ほど速くは走れませんし、力も決して強くはありません。空を飛ぶこともできませんし、泳ぐのも苦手です。このような人間が生き残っていくには、集団で暮らし、集団で狩りをし、集団で安全を確保する必要がありました。したがって太古の時代、仮に人が集団から見放され、一人だけ荒野に取り残されたとすると、これは確実にその人の死を意味しました。よって人は、何十万年も前から、集団から見放されないよう周囲の人と良好な人間関係を築くようになりました。

長い進化の中で環境に適応するため、自然淘汰によって獲得された思考パターンや心理パターンを進化心理学では心理的適応といいます[11]。良好な人間関係を重視する態度も、長い進化の中で人が生まれつき持つようになった心理的適応の一つです。

そのため多くの心理学者が人間関係の重要性を説いてきました。例えば個人心理学の創設者アルフレッド・アドラーは、人には人生の三つの課題として「共同体生活」「仕事」「愛」を挙げました[12]。共同体生活とは地域や社会において他の人々とどのように暮らすかであり、人間関係はその中心テーマになります。また、仕事は決して一人で行うものではなく、仲間と一緒にこなすものです。よしんば孤独な仕事があったとしても、その成果は他の人々にもたらされます。ですからここにも人間関係が深く関わっています。さらに、愛はパートナーとの関係であり、こちらも人間関係がそもそものテーマになります。アドラーはこれらを人生の三つの課題と称しましたが、より単純化すると良好な人間関係の構築こそが人生の課題になります。

また、人間性心理学を打ち立てたアブラハム・マズローは、人間の欲求は階層を成していて、低次の欲求が満たされるとより高次の欲求が現れるとした欲求階層論を提唱した心理学者として著名です。欲求階層論では五つの階層があるとマズローは考えましたが（のちに六つ目の階層も指摘します）、その中の「所属と愛の欲求」「承認欲求」も、人間関係と深く関係しています[13]。所属と愛の欲求は、集団の一員になりたいと思う、人が持つ基本的な欲求です。しかも単に集団に所属するだけではなく、他のメンバーから愛されたい欲求です。また、承認欲求は、他者から評価されたい欲求です。いずれも人間関係がその中心テーマになっていることがわかります。

さらに現在では、ビジネスなどの環境で良好な人間関係を形成するための技術として、心理学者ジョセフ・ウォルピらが開発したアサーティブ・コミュニケーションが注目されています。アサーティブには、「断定的な」「独断的な」といったネガティブな意味がある一方で、「しっかり自己主張する」「積極的な」といったポジティブな意味があります。アサーティブ・コミュニケーションは、このポジティブな面にスポットを当て、自分にも相手にも「自分らしくある権利」があることを前提にお互いを尊重しながら、自分の意見を正しく主張する態度を指しています。

人間関係はウェルビーイングに欠かせません。第六章ではポジティブな人間関係の構築方法についてより詳しく見たいと思います。

●M：意味・意義

個人を超えた、より大きなものに意味を見出し、そこに仕える生き方を通じ、意義のある人生をまっとうできれば、私たちのウェルビーイングは高まります。例えば、真実や正義、公正などの価値は、個人を超えた、人間に普遍的なものです。これらに意味を見出して、これらを追求する活動をすれば、自分のやっていることは有益で意義あるものだと感じられるに違いありません。この充実感がウェルビーイングを高める重要な要素になります。

人生の意味についてその重要性を繰り返し強調した人物に精神療法家ヴィクトール・フランクルがいます。フランクルといえば第二次世界大戦中にナチスドイツによる強制収容所でほぼ三年間囚われの身となり、のちにその体験を綴った著作『夜と霧』を世に問うたことであまりにも有名です。また心理療法家としてはジグムント・フロイトやアルフレッド・アドラーらに師事したあと、独自の精神療法であるロゴテラピーを開発しました。

ロゴテラピーとは、人が自分の持つ人生の意味に目覚めることを支援する精神療法です。ロゴテラピーの「ロゴ」は「ロゴス」に由来しており、これは文字どおり「意味」を意味しています。ここからもフランクルが人生の意味を最重視していることがわかると思います。しかも人生の意味に対するフランクルの態度はとても特徴的でした。この態度は、フランクルが生涯に打ち立てた精神療法の基礎中の基礎にあたる部分です。

通常私たちは、「人生の意味とは何か」「私は何のために生きているのか」といった問いを立てます。

これに対してフランクルは、私たちが人生の意味を問うのではなく、私たちが人生の意味を問われていると考えるべきだと主張しました。人生の問いの主客が逆転していることから、フランクルはこれを「人生の問いのコペルニクス的転回」と呼びました[14]。

フランクル自身も人生の意味を自らつかんだことで、強制収容所における強制労働を堪え忍べました。一九四五年三月のことです。フランクルはテュルクハイム収容所で発疹チフスにかかり生死をさまよいます。同月二六日、四〇歳の誕生日を迎えたフランクルに、囚人仲間がちびた鉛筆とナチス親衛隊の用紙数枚をプレゼントしました。この時フランクルは、強制収容所に抑留される際に没収された最初の著作『医師による魂の癒し』の原稿を再度完成させることを決意します。そしてフランクルは、高熱にうなされながらも仲間からもらった用紙の裏に、失った原稿に関するキーワードを走り書きしました。

この新たな目標、著作を世に問うという自ら作り出した人生の意味が、発疹チフスからフランクルを救います。実際フランクルは「私自身について言えば、失った草稿を再構成しようとする決意が、明らかに私を生き残らせたのだと確信している[15]」と述べています。フランクルがロゴテラピーを通じて人生の意味の重要性を強調した背景には、彼の実体験があったわけです。いずれにせよ、人生の意義、人生の意味は、人のウェルビーイングに大きな影響を及ぼすことがわかると思います。

●A：達成

自分が立てた何らかの目標を、自らの力で達成することであり、その際に得られるポジティブ感情を指します。エンゲージメントでふれたフローを得るには、自分の能力に見合った高い目標へのチャレンジが重要になります。チャレンジした目標を達成できれば、さらにもう少し高い目標を掲げてチャレンジする。言い換えると「目標→チャレンジ→達成」の繰り返しがフローには欠かせず、その際に生じるポジティブな達成感、そこから生じる自己効力感すなわち「私にはできる」という感覚は、この繰り返しを継続するための原動力になります。

この達成の繰り返しには一次的な（あるいは一回限りの）達成とその達成が繰り返される「達成の達成」があります。セリグマンは「達成の達成」のために捧げる人生を「達成の人生」と呼びました。(16) より高い目標を掲げそれを達成し続けることは、私たちが人間的な成長を遂げていることを意味します。つまりセリグマンのいう達成の人生とは、飽くなき人間的成長を目指す人生だと言い換えられます。そのような人生は、まさに「ウェルビーイング＝持続的幸福」を得られる人生だといえるでしょう。

もっとも目標があまりにも高すぎると達成は困難になります。その場合、目標を細分化して、より達成しやすい目標に置き換えることが重要になります。より安易な目標を達成したら、次はそれより高い目標にチャレンジする。この繰り返しで、小さな達成感あるいは自己効力感が、次の達成の原動力になり、最終的に大きな目標へと到達できます。

●ウェルビーイングを決定する要因は五つだけ？

以上、ウェルビーイングを構成する五つの要素である「P：ポジティブ感情」「E：エンゲージメント・没入・没頭」「R：関係性」「M：意味・意義」「A：達成」について説明してきました。しかし、ウェルビーイングを構成する要素はこのPERMAだけなのでしょうか。実際、セリグマン自身も指摘しているように、ウェルビーイングを構成する要素にはPERMA以外にも重要なものが存在します[17]。ここでは、「健康」「強み」「自尊心」「自己決定感（自律性）」「やり抜く力＝グリット」「レジリエンス」について、PERMAとの関連で考えてみましょう。

健康な人をより健康にするのがポジティブ心理学の立場でした。その意味で、肉体的な「健康」はウェルビーイングに欠かせない要素になります。ポジティブ心理学が健康にスポットを当てる場合、心または精神的な健康に注目する傾向が強くなります。しかしながら身体が存在してはじめて心が生まれ精神が生じます。そのため肉体的な健康は、PERMA全体と関連する、ウェルビーイングを底上げする基本中の基本になりそうです。

次の「強み」とは、その人を特徴づける他人から差別化されたスキルや能力を指します。人は強みを活かすことで物事に「E：没入」し、大きな「A：達成」を手にします。また、達成した成果から見出す「M：意味・意義」は、さらに強みを活かす原動力となります。こうして人は他人から差別化された確固たる人物として、他者と「R：関係性」を結べるようになります。つまり「健康」と同様、「強み」もPERMA全体に関連するものだとわかります（強みについては第五章で深く掘り下げることになります）。

この「強み」は私たちに「自尊心」を植え付けます。自尊心とは自分に対する自信を指しており、「R：関係性」で取り上げた良好な人間関係における承認欲求と深い関わりがあります。人が周囲の人から承認されようと思えば、まず自分自身に自信を持つこと、周囲から認められる価値があることを自覚する必要があります。つまり適切な自尊心を持つことが、承認欲求を満たす上での欠かせない条件になります。その意味で自尊心は、他の人を尊重しながらも、自分の立場を明確に表明する基礎になり、良好な人間関係を築く上で欠かせません。

この自尊心と関係するのが「自己決定感」です。これは人から言われたままに動くのではなく、自分で目標を決め、自らの力による目標の達成で得られるポジティブ感情です。自律性とも言い換えられます。熱意を持って取り組めるものほど自律性は高まるものです。その意味で自己決定感は、特定の活動に「M：意味・意義」を見出すことでもあります。

熱意を持って取り組む際に重要になるのが、「A：達成」と結びつきの深い「やり抜く力＝グリット」です。そもそも高い目標の達成は容易なことではありません。しかも、延々と続く「目標→チャレンジ→達成」の繰り返しには強い忍耐力が必要になります。ペンシルベニア大学心理学教授でセリグマンの弟子でもあるアンジェラ・ダックワースは、人生で何をなしとげられるかは「生まれ待った才能」ではなく「やり抜く力＝グリット」だと主張しています[18]。この点については第六章で詳しくふれたいと思います。

このやり抜く力を維持するには、困難にもめげない粘り強さが欠かせません。しかし物事がうまく進まず挫折を味わうこともあります。そこで重要になるのが「レジリエンス」、つまり困難に立ち向かい、たとえ挫折してもそこから立ち直る力です。「A：達成」にはこのレジリエンスも欠かせない要素になります（この点については第七章で詳しくふれたいと思います）。

以上、ウェルビーイングを向上する上でPERMA以外に重要になる、「健康」「強み」「自尊心」「自己決定感」「やり抜く力」「レジリエンス」の六つの要素について考えてみました。いずれの要素もPERMA全体を支えるか、PERMAの個別要素と深い関係があることがわかります。PERMAを含め、これらの要素を良い方向へ最大限に伸ばしていくことで、私たちのウェルビーイングは大きく向上するに違いありません。

【文献】

（1）John F. Helliwell, Richard Layard, Jeffrey D. Sachs, Jan-Emmanuel De Neve, Lara B. Aknin, and Shun Wang「World Happiness Report 2023」三四〜三八。以下同様。
（2）前掲書「World Happiness Report 2023」四一〜四三。以下同様。
（3）Fritz Strack, Leonard L. Martin & Norbert Schwarz. 1988. 〝Priming and communication: Social determinants of information use in judgments of life satisfaction.〟 ***European*** Journal of Social Psychology. 18(5). 429-442.
（4）公益社団法人日本ＷＨＯ協会ホームページ「健康の定義」（https://japan-who.or.jp/about/who-what/identification-health/）
（5）公益社団法人日本ＷＨＯ協会ホームページ「世界保健機関（ＷＨＯ）憲章とは」（https://japan-who.or.jp/about/who-what/charter/）
（6）前掲書「World Happiness Report 2023」六〜一三頁
（7）マーティン・セリグマン『ポジティブ心理学の挑戦』（宇野カオリ訳、ディスカヴァー・トゥエンティワン、二〇一四年）三一頁
（8）セリグマン、前掲書五〇頁
（9）バーバラ・フレドリクソン『3：1の法則』（高橋由紀子訳、日本実業出版社、二〇一〇年）七〇頁
（10）厚生労働省『令和元年版 労働経済の分析』一七一頁
（11）アラン・S・ミラー、サトシ・ナカザワ『進化心理学から考えるホモ・サピエンス』（伊藤和子訳、パンロー

リング、二〇一九年）二九頁
（12）アルフレッド・アドラー『生きる意味を求めて』（岸見一郎訳、アルテ、二〇〇八年）三五頁
（13）アブラハム・マズロー『人間性の心理学』（小口忠彦訳、産業能率大学出版部、一九八七年）の「第四章 人間の動機づけに関する理論」参照。
（14）ヴィクトール・フランクル『夜と霧（新装版）』（池田香代子訳、みすず書房、二〇〇二年）一二九頁。『それでも人生にイエスと言う』（山田邦男、松田美佳訳、春秋社、一九九三年）二六頁、『ロゴセラピーのエッセンス』（赤坂桃子訳、新教育出版社、二〇一六年）三四頁などにも同様の記述がある。
（15）ヴィクトール・フランクル『フランクル回想録』（山田邦男訳、春秋社、一九九八年）一三一頁
（16）セリグマン、前掲書三九頁
（17）セリグマン、前掲書五三〜五四頁
（18）アンジェラ・ダックワース『やり抜く力』（神崎朗子訳、ダイヤモンド社、二〇一六年）三頁

第三章　ポジティブ感情のパワー

●ポジティビティは人を長寿にする

ウェルビーイングの向上に欠かせない五つの要素がＰＥＲＭＡであり、その筆頭に上がっているのが「Ｐ：ポジティブ感情」です。前章で見たように、人はより健康であるためにポジティブな生活を生得的に求めています。本書ではポジティブ感情がいかにウェルビーイングを高めるのか、その点をより掘り下げてみたいと思います。

最初はポジティビティが健康や長寿に貢献する点を明らかにした研究結果から紹介しましょう。この事例は、修道女一八〇人を対象にしたものです。[1] ポジティブ心理学の書籍で頻繁に取り上げられる事例ですから、知っている人も多いかもしれません。

彼女たち修道女の特徴とは、世間から隔離され、毎日同じ生活を送っている点です。酒は飲まずタバコも吸わず、食事内容も同じです。男性との交わりもありません。

しかしながら、九八歳になっても病気ひとつしない元気な修道女もいれば、五九歳の時に脳卒中で倒れ間もなく亡くなった修道女もいます。この健康と寿命の違いはどこからくるのかを究明するために、研究者らは彼女たちが見習い期間中に書いた文書に着目しました。

研究者たちは彼女たちの文書から「とても幸せ」「心からうれしい」などといったポジティブな感情を表す言葉を拾い出し、その量によって快活な修道女、快活でない修道女にグループ化しました。

その結果、最も快活なグループではその九〇%が八五歳になっても生存していましたが、最も快活でないグループでは三四%しか生存していませんでした。また、ポジティブな感情語の多かった上位二五%は下位二五%に比べて、平均で一〇年も長寿だったこともわかりました。

ほかにも不幸の表現度、将来への期待度、信心深さ、知的レベルなどとの相関も調べられましたが、健康と長寿に関係があったのはポジティブな感情量だけでした。この研究はポジティビティと健康や長寿には密接な関係があることを強く示唆しています。

●ポジティビティは身体に好影響を及ぼす

次に、健康や長寿とも関連しますが、ポジティビティが身体に及ぼす好影響を明らかにした実験を示しましょう。これはオハイオ州立大学総合臨床研究センターにおいて六〇人の被験者を対象に実施されたもので、ポジティブ感情が傷の回復に影響を及ぼすかどうかについて調べたものです。(2)

実験では、被験者のポジティブ感情およびネガティブ感情について測定した後に、肌をテープストリッピング処置で傷つけ、二時間後の皮膚バリア機能の回復を測定するものでした。実験の結果、ポジティブ感情が大きいほど皮膚バリアの回復が早いことがわかりました。ポジティブ感情が客観的な健康の転帰にプラスの影響を与え得る新たな証拠をこの実験は示しています。

また、意図的にネガティブな感情を引き起こした被験者に、ポジティビティやネガティビティが生体機能に及ぼす影響を検証した実験についてもふれましょう。[3] 実験者は集まった被験者に「なぜあなたは良い友だちなのか」について発言するようまず言い渡します。その上で、スピーチの様子をビデオで撮影し、のちに仲間が評価するとも伝えられました。このため被験者はストレスにより心拍数や血圧が高くなります。

次にそれぞれの被験者に対して四つの映像から一つを見せます。そのうち二種類は喜びや楽しさなど「ポジティブな感情がわく映像」、もう一つは悲しみや怒りなど「ネガティブな感情がわく映像」、最後は「ニュートラルな映像」です。そして映像を見たあとに、被験者の生体情報を検査しました。

実験の結果、ポジティブな映像を見た人は、ネガティブな映像やニュートラルな映像を見た人よりも、心血管が急速に回復しました。これは意図的に生み出したポジティブ感情が、人のストレスを抑制するのに効果があることを示しています。

ストレスや不安の意識的な解消をポジティブ心理学ではストレス・コーピングと呼びます。ポジティブ感情はこのストレス・コーピングの有効な手段になります。また、ストレス・コーピングと類似する言葉にレジリエンスがあります。レジリエンスは、人が大きなストレス下で挫折を味わったり、不測の悲劇的出来事によって精神的ダメージを受けたりした際の、「困難に打ち克つ力」あるいは「精神的ダメージから立ち直る力」を指します。ポジティビティはレジリエンスの向上に役立つことが実験からわかっています。

●ポジティビティは人を幸せにする

続いてポジティビティと幸福の関係について調査した有名な研究を紹介しましょう。それは、卒業アルバムの写真に写っている、卒業生の笑顔とその後の人生の満足度の関係について調査した、カリフォルニア大学バークレー校の研究室によるものです[(4)]。

笑顔には本物の笑顔と偽物の笑顔があります。笑顔を作る際に人は顔の両側にある大頬骨筋《だいきょうこつきん》を使って唇の両端を引き上げます。しかしこれだけでは本物の笑顔とはいえず、いわゆる「作り笑い」になります。

というのも、本物の笑顔では、口の端が上向きになるのと同時に、眼輪筋《がんりんきん》という目の周りの筋肉が頬を持ち上げて、目尻にカラスの足みたいなしわができるからです。この眼輪筋は、自分の意思でコントロールするのは不可能で、本当に笑っている時にしか表れません。これを発見者のギョーム・

デュシェンヌ・ド・ブローニュにちなんで「デュシェンヌ・スマイル」と呼びます。

研究者は一九六〇年にミルズ大学を卒業した一四一人の女性を抽出し、その笑顔を分析しました。そのうち笑っていない女性が三人、残りの女性は笑っていました。ただしデュシェンヌ・スマイルだったのはそのうちの半分でした。その後、彼女たちについて二七歳、四三歳、五二歳における結婚と生活に関する満足度の調査を行いました。その結果、デュシェンヌ・スマイルだった女性のほとんどが結婚をしていて、三〇年間、心身共に健康だったことがわかりました。また、この研究では、容貌と生活の満足度には相関関係が見られなかったと結論づけています。

●ポジティビティは成功の確率を高める

私たちは物事や前途の明るい面を見る態度を「楽観的」と表現します。「物事や前途の明るい面を見る」とは「物事や前途を前向きに捉える」と言えるでしょう。つまり楽観的な態度とポジティブな態度は軌を一にします。この楽観的な態度の効果について調べた大規模な実験に、マーティン・セリグマンが一九八五年に実施した、保険会社メトロ生命に在籍する保険外交員の追跡調査があります(5)。

メトロ生命ではアメリカ全国で毎年一万五〇〇〇人が就職試験を受験します。同社ではセリグマンの協力を得て、一九八五年に実施する試験では、通常のキャリア試験とともに、楽観度を調べる特性診断テストを実施しました。

試験を経て同社では、従来どおりキャリア試験で合格した一〇〇〇人を採用しました。ただしその年は同時に、キャリア試験で惜しくも不合格になった受験者から、特性診断テストで上位半分に入った楽観度が高い一二九人を別枠で採用しました。そして一〇〇〇人の正規採用組と一二九人の特別班、合わせて一一二九人について二年間の追跡調査を実施しました。

その結果、最初の一年間で、正規採用組のうち楽観度が上位半分の者は下位半分の者より、契約取得率が八%高いことがわかりました。しかし驚くべきは特別班の契約取得率です。

特別枠で採用した楽観度の高いセールスマンは、正規採用者のうち楽観度が下位半分の者よりも、契約取得率が二一%も高いことがわかりました。さらにこれが二年目になると、特別班の契約取得率は、正規採用者の平均を二七%上回る好成績を残す結果になりました。

もちろん成績が振るわない者ほど会社を去る確率は高くなります。途中で「辞める」わけです。つまり楽観度が低い人ほど、根気がなえる可能性も高まるわけです。そもそも物事を前向きに捉える楽観主義は粘りを生み出します。保険のセールスのように、何度も断られる職業では、楽観度の高さが、才能や意欲と同様に極めて重要な要素になるのがわかると思います。これは第六章で紹介する「やり抜く力＝グリット」とも重要な関わりを持っています。

●「拡張 - 形成理論」とは何か

以上、四つの事例から、ポジティビティが健康や長寿、身体、人生の幸福、ビジネスの成績に好影響を及ぼすことを見てきました。このポジティビティが持つ効能を包括的に取りまとめた理論に、ノースカロライナ大学心理学教授バーバラ・フレドリクソンが提唱した「拡張 - 形成理論」があります。この理論はポジティブ心理学の理論的骨子の一つになっています。

提唱者のバーバラ・フレドリクソンは著名なポジティブ心理学者の一人で、ポジティブ心理学テンプルトン賞の最優秀賞や社会心理学会のキャリア・トラジェクトリー賞を受賞するなど、ポジティビティの研究で多数の功績を残しています。

このフレドリクソンは拡張 - 形成理論を通じて、ポジティビティが精神の働きを拡張し、利用できる資源や能力を形成すると主張しました。この点を示した実験をいくつか紹介します。

まず、ポジティビティが人の精神を拡張する、フレドリクソンの実験からです[6]。ここに正方形のパネルが三枚あります。このパネルを正三角形の形状になるよう配置します。一方これとは別に二つの形状を用意します。一つは正三角形のパネル三枚で作った正三角形の形状、もう一つは正方形のパネル四枚で作った正方形の形状です。便宜上、前者を形状A、後者を形状Bとしましょう。

では、最初に掲げた正方形のパネルが三枚で作った正三角形の形状は、形状Aか、それとも形状Bか、いずれに似ているでしょうか。フレドリクソンはこの質問を被験者に行いました。その回答は、最初に与えられた形状を正三角形とみなすか、それとも正方形のパーツの集まりと捉えるかによって変わると予想できます。

結果はというと、ポジティブ感情を持っている人は、ネガティブ感情やニュートラル感情を持っている人よりも、形状Ａ（正三角形のパネル三枚で作った正三角形）を選ぶ頻度が高いことがわかりました。

最初に与えられた形状と形状Ａは、構成するパーツは異なります。しかし大局的な形状はいずれも正三角形を示しています。これに対して形状Ｂは、個々のパーツについては最初に与えられたものと同じです。しかし大局的な形状は正方形であり、最初に与えられた形状と異なっています。以上からフレドリクソンは、ポジティブな感情を持つ人は、視野が広がり大きな構図で物事を見ることができると結論づけています。つまりポジティビティは人の精神を拡張し、物事を大局から見る目を形成するわけです。

このポジティビティによる拡張‐形成効果は、人の創造性向上にも好影響を及ぼすようです。次にその点を示した心理学者アリス・アイセンらによる実験を取り上げます。[7]

実験では画鋲の入った箱、マッチ、ロウソクを用意しました。そして、ポジティブ感情、ネガティブ感情、ニュートラル感情を持つそれぞれの被験者に対して、「壁にロウソクを取り付けて、床にロウが落ちないようにしてほしい」とオーダーします。皆さんならばどのようにしてロウソクを壁に取り付けて、しかも床にロウが落ちないようにしますか。

正解は意外に簡単です。まず、画鋲の箱を画鋲で壁に取り付けます。そうしたら、その箱を皿代わりにしてここにロウソクを置きます。以上で実験者のオーダーどおりにできました。答えがわかればなんとも単純な話です。しかし暗中模索の段階では、ロウソクを画鋲で取り付けるなど、いろいろな方法に思いを巡らしたのではないでしょうか。

実験の結果では、ネガティブ感情やニュートラル感情を持つ人よりも、ポジティブ感情を持つ人の正解率が高くなりました。つまりこの実験は、ポジティブ感情で拡張された精神が、創造性や問題解決力の発揮につながることを示しています。

バーバラ・フレドリクソンも、ポジティビティの拡張効果が創造性を喚起するのに役立つと指摘しています。その上で、クリエイティブな解決策を早急に必要としている時には、ポジティビティに投資するのが最良の方法だと主張しています(8)。

ポジティブな感情でいると物事を捉える視野が広がります。これにより新たな学習が行われ、創造性が培われます（拡張効果）。また、将来にわたって有効な知的、社会的、身体的なリソース（資源）を生み出します（形成効果）。これが螺旋的に繰り返されることで人の成長が促進され、ウェルビーイングへの道が広がります。拡張‐形成理論は以上の点を実験から明らかにしています。

●ネガティブになりやすい日本人

さまざまな実験からポジティブ感情が持つ多様な効用について見てきました。ポジティビティがウェルビーイングの向上に欠かせない要素になることをより理解してもらえたと思います。ただし、ポジティブになろうと思っても、なかなかそうなれない、なぜかネガティブになってしまう人もいるでしょう。それはもしかして日本人が持つ遺伝子に起因するのかもしれません。どういうことか説明しましょう。

脳内伝達物質の一つにセロトニンがあります。セロトニンは人の気分に影響を与える物質で、これが脳内で減ってしまうと、不安を感じたり、気分が落ち込んだりします。その逆も然りで、そのため「幸せホルモン」とも呼ばれます。このセロトニンの分泌量を決める役割を果たしているのが、セロトニン・トランスポーター遺伝子です。

セロトニン・トランスポーター遺伝子には、セロトニンの分泌量が少ないS型と分泌量が多いL型があります。この二つの型の組み合わせにより、セロトニン・トランスポーター遺伝子はSS型、LS型、LL型の三つに分類できます。このうちSS型は、LS型やLL型よりもセロトニンの分泌量が少なくなります。そのため、先天的にセロトニン・トランスポーターSS型を持っている人は、不安を持ちやすく、気分が落ち込みやすくなります。

注目したいのは国によってセロトニン・トランスポーター遺伝子の型に偏りがある点です。世界の主要民族グループを対象にセロトニン・トランスポーターの型を調査して、どの国・地域の人々が不安を抱きやすいか調査した研究があります(9)。それによると、日本人はSS型を持つ人は六五・一％と全体の約三分の二を占めるのに対して、LS型は三一・七％、LL型に至っては三・二％の人しか持っていないことが判明しました。

ではヨーロッパ人（白人）の場合はどうでしょう。SS型が一四・二％、LS型が四九・八％、LL型が三五・九％になりました。SS型のヨーロッパ人は日本人のおよそ五分の一、LL型を持つ人に至っては日本人の一一・二倍にも上ることがわかります。日本人と他の人種とを比較するとその差はさらに開きます。といいますか、日本人のSS型の割合の高さは突出しています（中国人やインド人もかなり高いですが日本人を大きく下回ります）。私たちは経験的に、悲観的な日本人に対して陽気な外国人と考えがちです。実はこの国民的傾向は、セロトニン・トランスポーター遺伝子の型からも裏付けられます。

ネガティビティが強いと物事の悪い面を見がちになります。例えば、何かのきっかけになる出来事が生じた時、ポジティブな人ならばその良い面を見るのに、ネガティブな人はその悪い面を見るようになります。するとネガティブ感情が発生し、他のことについてもネガティブに考えます。結果、気力と自信がなくなってさらにネガティブになり、この悪循環すなわちネガティブ・スパイラルから抜け出せなくなります。SS型の多い日本人は、このネガティブ・スパイラルに落ちやすい傾向にあるのだといえるでしょう。

●説明スタイルを切り替える

セロトニン・トランスポーターの型を調べなくても、自分がポジティブな性格かネガティブな性格なのかは、説明スタイルによって特定できます。説明スタイルとは、ある出来事について「永続的」「普遍的」「個人的」の三側面から見る態度を指します。これを分析するとその人が楽観的なのか悲観的なのかがわかります。[10]

たとえば目指していた資格試験に落ちたというネガティブな出来事が生じたとします。悲観的な人の場合、このケースでは次の説明スタイルをとる傾向にあります。

「私はいつも試験に落ちてばかりだ」（永続的）
「何をやってもうまくいかない」（普遍的）
「本当に私はダメなヤツだ」（個人的）

次に同じく試験に落ちた場面を想定して、楽観的な人の説明スタイルを見てみましょう。

「今回はちょっと運が悪かったな」（非永続的＝一時的）
「だいたい勉強しなかった個所が出た」（非普遍的＝個別的）
「悪いのは問題を作成した側だな」（非個人的＝外的）

「永続的」「普遍的」「個人的」の三尺度で見ると、悲観的な人と楽観的な人では、説明スタイルにこれほど大きな差があるのがわかります。つまり逆になっています。

いま見たのは資格試験に落ちたネガティブな出来事でした。では逆に、資格試験に受かったポジティブなケースについて考えてみましょう。まずは悲観的な人の説明スタイルです。

「今回は本当についていた」（非永続的＝一時的）
「得意な分野が出て助かった」（非普遍的＝個別的）
「問題作成者に感謝、感謝」（非個人的＝外的）

これに対して楽観的な人はどんな説明スタイルをとるのでしょうか。

「なんと毎回ついていることだ」（永続的）

「しかし何をやってもうまくいく」（普遍的）
「私ってひょっとして天才？」（個人的）

　またしても、物事の捉え方がまったく逆になっているのがわかります。まとめると、悲観的な人はネガティブな出来事に対して「いつも」「何でも」「私のせい」でダメだったと考え、ポジティブな出来事に対して「たまたま」「今回に限って」「私以外のおかげ」でうまくいったと考える傾向にあります。

　これに対して楽観的な人は、ネガティブな出来事に対して「たまたま」「今回に限って」「私以外のせい」でダメだったと考え、ポジティブな出来事に対して「いつも」「何でも」「私のおかげ」でうまくいったと考える傾向にあります。悲観的な人と楽観的な人で説明スタイルが逆転しているのがよくわかると思います。皆さんはどちらの説明スタイルの持ち主でしょうか。

　仮に悲観的な説明スタイルを採用していると感じたら説明スタイルを故意に切り替えてみてはどうでしょう。落ち込んだ気分を和らげられます。例えば次のイメージです。


「不合格か。相変わらずの結果でがっかりだよ」（永続的）→「不合格か。ま、こういうこともあるよな」（一時的）

「こんな体たらくじゃ恋人もできないはずさ」（普遍的）→「試験前にあんまり勉強しなかったし」（個別的）
「とにかくオレって、本番に弱いんだよなぁ」（個人的）→「だいたい知らないところばっかり出すんだもん」（外的）

説明スタイルを変えることで物事を前向きに捉えられることがわかります。何かネガティブなことが二度あって、次も「二度あることは三度ある」と考えるのか、それとも次こそ「三度目の正直」と捉えるのかは、その人の考え方次第です。この点を十分に理解しておきたいものです。

●ポジティブ感情の増やし方

説明スタイルを故意に切り替えるのは、ポジティブ感情を増やすための有力な方法です。これ以外にも多くのポジティブ心理学者が勧めるポジティブ感情を増やすテクニックがあります。その一つに「三つの良いこと」があります。

三つの良いことは毎日一日の終わりに、その日うまくいった出来事、嬉しかった出来事、良かった出来事を三つ書きとめるものです。その際に、「この良いことはなぜ起きたのか」「この出来事は自分にとって何を意味するのか」「将来、もっと経験するにはどうすればいいのか」などについても同時に問うようにします。このエクササイズを一週間実行すると、最長で六カ月間、幸福感が増大すると同時に抑うつ症状が軽減したとの報告があります[11]。

三つの良いことの効果は、心理学者で行動経済学者でもあるダニエル・カーネマンが提唱したピークエンドの法則から説明できます。ピークエンドの法則は、記憶に基づく評価は、ピーク時と終了時の経験の平均で決まるとする法則です[12]。

朝起きて夜寝るまで、良いことや悪いことも含めて私たちはさまざまな経験をします。そして一日の終わりでその日にあった良かったことについて考えることは、考えないでいるよりも幸福感が高まるはずです。その結果、良いことがあった時の感情（ピーク時の経験）と、一日の終わりに三つの良いことを記している時の感情（終了時の経験）の平均は、より幸福度が高くなると考えられます。

面白いのは「三つの良いこと」の比較実験の結果です[13]。「三つの良いこと」を書き出す作業を、一日の終わりではなく一日の始めに実行したところ、一日の終わりに比べるとほとんど効果がありませんでした。これはピークエンドの法則に従った行動ではないですから、効果が現れなかったと考えられます。

次に紹介するのは「セイバリングの実践」です。遭遇した嬉しい出来事、良かったことについて、立ち止まって現在を深く味わうことを、心理学ではセイバリングと呼んでいます。このセイバリングも私たちをポジティブにしてくれることが科学的にわかっています。

例えばある研究では、精神的に落ち込んだ被験者に、一日に一度、普段、急いで済ましていたことを、ゆっくりと注意して行ってみること、と指示しました[14]。そして、「その出来事についてこれまでとはどのように違う経験をしたか」「急いで済ませた時と比べてどう感じたか」を記録してもらいます。すると、このエクササイズを定期的に行った被験者の幸福度は、目覚ましいほど高まることがわかりました。落ち込むことが少なくなったといいます。

最後にもう一つ、何か気分がすぐれないなと思ったら、外に出て身体を動かしてみることです。ある実験では、うつ病患者一五六人を三つのグループに分け、①週三回、三〇分間の有酸素運動、②抗うつ薬の服用、③有酸素運動と抗うつ薬服用の両方を、それぞれ四ヶ月間実施しその効果を測定しました[15]。四ヶ月後、どのグループも症状が有意に改善していました。さらに、治療が終了してから六ヶ月後の状況を調査しました。その結果、運動群では薬物療法群よりも、六ヶ月後の診察時に部分的または完全に回復している割合が有意に高くなりました（薬物と運動の併用群は、薬物のみのグループと差はありませんでした）。また、再発率については、運動群が八％だったのに対して、薬物療法群は三八％、薬物と運動の併用群のグループは三一％になりました。有酸素運動の効果が有意に現れる結果になったわけです。

●ネガティビティにもメリットがある

本章ではウェルビーイングの向上に資するポジティブ感情についてふれてきました。それではあらゆるネガティブ感情は否定すべきなのでしょうか？　答はもちろんノーです。

ネガティブ感情には怒りや不安、恐れ、罪悪感などがあります。これらは進化の過程で人間に備わった心理的適応の一つだと考えられます。何かの出来事が生じた時に怒りが込み上げてきたら人は闘います。いわれのない誹謗中傷を受けても怒りが込み上げないとすれば、鈍感で勇気がないと笑われます。しかし、勝ち目のない相手に向かって行くのは無謀であって、場合によっては勇気を持ってその場から逃げるのも選択肢の一つです。結果としてネガティブ感情を適切に働かせる人は、より生存の可能性が高かったと考えられます。

また、ある出来事に対してネガティブな面をより強調する傾向も、進化の過程から得られた心理的適応の一つだと考えられます。私たちの遠い先祖が森の中を歩いている時に異音を耳にしたとします。先祖は天敵だと思い、慌てて逃げ出しました。しかし、その異音は風のいたずらでした。先祖は小さな誤りをおかしました。これを肯定的な誤りといいます。

しかしながら、その異音は実際に天敵が出した音だとします。風の音だと思って逃げなかったら、先祖は天敵に襲われて命を失っていたでしょう。これを否定的な誤りといいます。最悪の事態である否定的な誤りを避けるため、人は小さな誤り（肯定的な誤り）を繰り返すようになりました。進化心理学者デイヴィッド・バスらはこれをエラー管理理論として整理しています。[16]

エラー管理理論の立場からすると、人が物事のネガティブな面をより意識してしまうのは、最悪生命にもかかわる否定的な誤りを回避するためだと考えられます。日本人にセロトニン・トランスポーター遺伝子のＳＳ型が多いのも、進化の過程で否定的な誤りを回避する傾向が強まった結果なのかもしれません。

物事を悲観的に考える人は、精神的安定を得るため、故意に結果に期待しない態度をとることがあります。こうしておくと実際に良い結果になった場合は嬉しいですし、逆に悪い結果になった場合でも、期待していなかった分、落ち込みも低く抑えられるからです。この態度を防衛的悲観主義といいます。仮に従来、防衛的悲観主義をとっていた人がいきなりポジティブになって失敗したらどうなるでしょう。その人が大きな落ち込みを経験するのは想像に難くありません。脇目も振らぬポジティビティには落とし穴があると考えるべきです。

人はネガティブ過ぎてもいけませんが、ネガティブ感情がなくなってもいけません。また、ポジティブ過ぎてもいけませんが、ポジティブ感情がなくなってもいけません。ギリシアの哲学者アリストテレスは中庸の道の大切さを説きました。[17]中庸とは、過剰と欠乏の二極端があれば、その中間の道をとる態度です。例えば「勇気」は、勇気が過剰な「無謀」と、勇気が欠乏した「臆病」の中庸に位置づけられます。ネガティビティとポジティビティの中庸を目指すこと、これがウェルビーイングを向上するための道なのかもしれません。

【文献】

（1）セリグマン、前掲書『世界でひとつだけの幸せ』一二～一四頁、Danner, D. D., Snowdon, D. A., & Friesen, W. V. (2001). "Positive emotions in early life and longevity: Findings from the nun study.〃 *Journal of Personality and Social Psychology,* 80(5), 804–813.

（2）Theodore F Robles, Kathryn P Brooks, Sarah D Pressman. (2009). "Trait positive affect buffers the effects of acute stress on skin barrier recovery.〃 *Health Psychol,* May;28(3). 373-8.

（3）クリストファー・ピーターソン『ポジティブ心理学入門』（宇野カオリ訳、春秋社、二〇一二年）六四～六五頁

（4）セリグマン、前掲書『世界でひとつだけの幸せ』一四～一六頁、LeeAnne Harker, Dacher Keltner. (2001). "Expressions of Positive Emotion in Women's College Yearbook Pictures and Their Relationship to Personality and Life Outcomes Across Adulthood.〃 *Journal of Personality and Social Psychology.* 80(1): 112-24.

（5）マーティン・セリグマン『オプティミストはなぜ成功するか』（山村宜子訳、講談社、一九九一年）一四八～一五五頁

（６）フレドリクソン、前掲書『３：１の法則』一〇〇～一〇二頁
（７）鳥井哲志『ポジティブ心理学入門』（星和書店、二〇〇九年）四八頁、Peter J.D. Carnevale, Alice M. Isen. 1986. 〝The influence of positive affect and visual access on the discovery of integrative solutions in bilateral negotiation.〟 *Organizational Behavior and Human Decision Processes,* 37(1).1-13.
（８）フレドリクソン、前掲書『３：１の法則』一〇五頁
（９）Luke Esau, Mandeep Kaur, Lucinda Adonis, Zainunisha Arieff. 2008. 〝The 5-HTTLPR polymorphism in South African healthy populations: A global Comparison.〟 *Journal of Neural Transmission.* June. 755-760.
（10）セリグマン、前掲書『オプティミストはなぜ成功するか』七四～八〇頁
（11）ピーターソン、前掲書『ポジティブ心理学入門』四三頁
（12）ダニエル・カーネマン『ファスト＆スロー（下）』（村井章子訳、早川書房、二〇一二年）二一六～二二〇頁
（13）ピーターソン、前掲書『ポジティブ心理学入門』四二頁
（14）ソニア・リュボミアスキー『幸せがずっと続く１２の行動習慣』（金井真弓訳、日本実業出版社、二〇一二年）二二五～二二六頁
（15）Babyak, Michael PhD; Blumenthal, James A. PhD; et al.(2000). 〝Exercise Treatment for Major Depression: Maintenance of Therapeutic Benefit at 10 Months.〟 *Psychosomatic Medicine.* 62(5). September. 633-638.
（16）Martie G. Haselton, David M. Buss. 2000. 〝Error management theory: A new perspective on biases

in cross-sex mind reading.» *Journal of Personality and Social Psychology*. January. 78(1), 81-91.

（17）田中美知太郎編『世界の名著8 アリストテレス（「エウデモス倫理学」）』（中央公論社、一九七二年）五四二頁

第四章　ポジティブな人間関係の構築

●コミュニケーション・スキルの向上と共感

ポジティブな人間関係とは、ＰＥＲＭＡの「Ｒ：関係性」に関わるもので、ウェルビーイングの向上には欠かせません。ポジティブな人間関係を構築する上で、その基礎中の基礎になるのが、相手との意思疎通、すなわちコミュニケーションになるでしょう。良好なコミュニケーションは、他者との理解と信頼を築き、積極的な人間関係を育む土台となります。したがって、自分のコミュニケーション・スキルを振り返り、欠点を明らかにし、スキルの向上に努めることは、ポジティブな人間関係を構築する上で欠かせない活動です。

コミュニケーション・スキルの向上の参考になる手法に、アメリカの著名心理療法家カール・ロジャーズが提唱した「クライエント中心療法」があります。心に病を持つ人（クライエント）が心理療法家の助けを借りる場合、クライエントと心理療法家の間には、適切なコミュニケーションを成立させなければなりません。その際に、心理療法家が中心ではなく、あくまでもクライエントの主体的な判断や決定を尊重して、クライエントの成長促進を目指します。それは「いかにして私は、この人が自分の人間的成長のために活用できるような関係を提供することができるのだろうか[1]」と問う態度です。これがクライエント中心療法の基本的な態度になります。また、心理療法家がクライエントとの間に構築する人間的な成長を促す関係を援助的関係と呼びます。

ロジャーズはこの援助的関係を構築するために、実践すべき三つのことを明らかにしました。ただしこれはクライエントと心理療法家の間だけに有効なのではありません。適用範囲を拡大すれば、私たちのコミュニケーション・スキルの向上にも大いに活用でき、引いては良好な人間関係の構築に役立ちます。では、ロジャーズが示す実践すべき三つのこととは何なのか[2]。

第一に「私自身が純粋であるほど、関係は援助的になる」（純粋性）ことです。これは自分自身が透明であること、俗な表現をすると、表裏がないことです。そして、表裏がないことが相手にも手に取るようにわかるようにします。ありのままの自分と一致していることから「純粋性＝一致」とも呼びます。

第二に「相手を無条件に受け入れて配慮を寄せる」（受容）ことです。人は、恐れや混乱、苦痛、誇り、怒り、憎しみ、愛、勇気、畏怖などさまざまな感情を表に出します。これに対して、肯定的で、受容的な態度を持っている時、相手に変化が起き心を開きやすくなります。

第三に「相手が見ているままに感受性豊かに共感する」（共感）ことです。これは共感的理解とも呼ばれるものです。相手がその瞬間に体験していることに共感を持って理解します。そうして初めて共感も意味を持ちます。ロジャーズはこの三つの態度で相手の声を「傾聴」すれば、相手の内面的成長、パーソナリティの建設的変化を支援できると考えました(3)。

私はありのままの自分で相手に接しているでしょうか。私は相手を心から受容しているでしょうか。そして私は相手の言うことに心から共感しているでしょうか。こうした問題意識を持ちながらの傾聴は、私たちの聴くスキルを高め、その結果、一般的なコミュニケーション・スキルの向上にも大いに役立ちます。

●相手に心から共感し理解する

傾聴は能動的な聞き手であろうとするアクティブ・リスニングの別称ともいえます。この傾聴を構成する三つの要素「純粋性」「受容」「共感」のうち、共感についてもう少し掘り下げてみたいと思います。

共感は他者の視点の理解であり、良好なコミュニケーションや信頼関係の構築、対話の深化の基礎になります。ロジャーズは共感の具体的な手法として「感情の反射」を推奨しました(4)。この技法では、相手がいまここで感じていることを、そのまま受け取って評価や偏見を加えずに相手に返す行為を指します。そのため感情の反射に対しては、相手の言葉を繰り返しているだけだとの批判がありました。しかし重要なのは言葉の繰り返しかどうかではなく、自分自身が相手の感情を反射する鏡になっているかどうかです。相手の感情を反射しているのであれば、それが相手の言葉の繰り返しのように見えても問題はありません。

また、感情の反射と共通する手法に「内容の反映」があります。こちらは相手が話している内容の要約と確認です。これにより相手が話す内容を自分なりにより理解できます。また、相手は自分の言葉や経験が尊重されていると感じます。さらに、「言い換え（パラフレーズ）」も感情の反射の一種といえます。こちらでは、相手が述べた内容を異なる言葉で言い換えてみることで相手の意図を確認し、相手が自分の言葉をより明確に理解できるように促します。

これらの対応の中で非言語コミュニケーションにも注意します。非言語コミュニケーションとは、表情やジェスチャー、姿勢など言葉以外を用いたボディー・ランゲージによるコミュニケーションを指します。例えば、あまりにも初歩的なようにも思えますが、相手が話をしている時には、相手の目を見て興味を示し、頷きながら理解を示すことで、相手はより理解されていると感じます。また、相手の非言語的なサインにも注意を払い、相手の気持ちを正しく読み取る努力をしたいものです。積極的で開かれたボディー・ランゲージは、相手に安心感を与え、共感を強調します。

共感と理解が人間関係に与える影響は計り知れません。これにより相手は自分の存在が認識され、尊重されていると感じます。共感がある関係では、対話が深まり、協力が生まれやすくなります。また、困難な状況においても、共感と理解がある関係ではお互いに支え合いやすくなります。相手の視点を尊重し、感情を理解すれば、初対面の人との関係から親密な友情まで、様々な人間関係をより意味深く、充実したものにできるでしょう。

●ポジティブ・フィードバックの提供

フィードバックとは相手の特定の態度や行動について自分の意見を伝達することです。フィードバックを意識すれば、相手への関心が自然に高まり、コミュニケーションを活性化できます。ただしこのフィードバックには、ネガティブ・フィードバックとポジティブ・フィードバックの二種類がある点に注意しましょう。

ネガティブ・フィードバックは、相手のとる態度や行動について、頭ごなしに否定したり叱責したりするフィードバックを指します。単に相手を否定する点に主眼を置く、非建設的なフィードバックといえます。これに対してポジティブ・フィードバックは、相手の成長に主眼を置いた、建設的なフィードバックです。相手の強みや良い点を認識すれば、どこが優れているのか言葉で伝えます。また、改善点があるのであれば、それを否定的に伝えるのではなく、成長の機会として指摘します。

ポジティブ・フィードバックでは、①タイミング、②内容、③態度に配慮するように心掛けます。

例えば、相手が素晴らしい行動をとった場合、できるだけ早いタイミングで、その行動に対して建設的なフィードバックを行います。

その際に、フィードバックする内容が具体的であるよう努めます。チームメンバーが素晴らしいプレゼンテーションを行った場合、単に「今日のプレゼン、とっても良かったよ」と言うのではなく、「今日のプレゼン、ストーリーが明確で、長さもコンパクト、しかもビジュアルもインパクトがあったよ」と具体的に指摘します。

加えて、その良かった点がどのような結果を生み出したかについても言及します。例えば、先の言葉に続けて「これで顧客の理解も深まったんじゃないかな」と付け加えれば、結果についてもふれることになります。結果にふれることで、相手は自分のとった行動の効果を理解でき、フィードバックをくれた人をより信頼するようになります。

また、フィードバックの態度にも配慮しましょう。フィードバックの内容は相手の行動に対するものであって、人格や性格に対するものではない点に注意します。加えて、フィードバックは自分の意見を相手に伝えることであり、感情を伝えるものではありません。怒りに任せて罵倒するのはポジティブ・フィードバックではなくネガティブ・フィードバックです。それから、そのフィードバックが、相手の成長を願ったものでなければなりません。それは相手に対する誠実な態度であり、ロジャーズのいう援助的関係の構築を目指すものです。言葉や態度が不誠実であれば、相手にすぐ見透かされてしまいます。

フィードバックする中身が問題点の指摘のようにネガティブな場合、これを建設的に伝えるには叙述的コミュニケーションのスキルが役立ちます(5)。これは三つのステップからなります。まず、状況を評価するのではなく叙述します。次にその状況がもたらす客観的な結果について述べます。その際に、相手の責任を問うのではない点に注意します。さらに、正しいか間違っているかの議論ではなく、相手が受け入れ可能な代替案を示します。この三つのステップを実行すれば、問題点のフィードバックによる言い争いや非難への発展を防ぎやすくなります。

適切かつ建設的なポジティブ・フィードバックにより、相手は「自分に関心を持ってくれている」「自分を理解してくれている」「自分を承認してくれている」と感じるようになります。これは相手の成長やモチベーションだけでなく、その人との人間関係にも好影響を及ぼします。相手の成長により関係が強化され、共通の目標に向けて互いがより効果的に協力できます。

●感謝の実践

感謝の実践はポジティブな人間関係を構築し、幸福度や心の健康の向上に良好な影響を及ぼします。カリフォルニア大学デイビス校の心理学教授で学会誌「ジャーナル・オブ・ポジティブ・サイコロジー」創刊編集長であるロバート・A・エモンズは、著作『ありがとうの小さな練習帳』で、感謝の気持ち「ありがとう」を持つことで、「増強（Amplify）」「救い（Rescue）」「つながり（Connect）」のＡＲＣ効果が得られると述べています[6]。

まず「増強」ですが、感謝を示すことで、自分や他人、世の中に対して良い面を増強できます。感謝は意識的に自分や他人、世の中の良い面を見るようにするからです。これにより物事の良い面が自分の内面に深く根づきます。

次に「救い」ですが、私たちは往々にしてネガティブな気持ちによって幸せになる機会を失っています。感謝は怒りや不義理、不注意と言ったネガティブな気持ちから私たちを救い出し、充足や内面の平和をもたらします。

さらに感謝の念は、人間関係に生じるヒビを埋め、「つながり」を強化する接着剤になります。そもそも人間は集団で生きる動物です。他人との良好な関係がなければ社会生活をうまくやっていけません。感謝はそのための促進剤あるいは増強剤になります。

感謝を示す「ありがとう」は「有り難し」に由来する言葉です。「有り難し」とは「そもそも存在が困難なこと」「稀にしか存在しないこと」を意味します。「ありがとう」とは、そうした実在が困難な経験に対する感謝の言葉にほかなりません。だから「ありがとう」を口にすると、ポジティブ感情が生じるわけです。

しかしながら、よく考えてみると私たちは「ありがとう」の言葉を、あまり感情を込めずに気軽に用いています。そこで心を込めたはっきりとした仕方で表明するために、多くのポジティブ心理学者は感謝の気持ちを文字で記すよう推奨しています(7)。文字で記すことで、その出来事が心に深く刻み込まれ、満ち足りた気分が持続します。

第三章でふれた「ポジティブ感情の増やし方」で、「三つの良いこと」についてふれました。これは毎日一日の終わりに、その日うまくいった出来事、嬉しかった出来事、良かった出来事を三つ書きとめるものでした。これらはいずれも感謝すべき出来事です。ですから、「三つの良いこと」は「三つの感謝したいこと」と言い換えられます。

見過ごしがちな小さな事でも、注意深く反省すると大変有り難いことに気づくものです。例えば、朝の太陽や友人のちょっとした気遣い、他人が誰かにした親切など、日々のさまざまな瞬間に感謝の気持ちを発見できます。この気づきが感謝の意識を養い、ポジティブな視点で周りの環境や人々とのつながりを見つめられます。

先に示したエモンズの著作には、感謝を示すための身近な方法が多数掲載されています。参考にするのもいいかもしれませんね。

●コンフリクトの解消

ささいなことでのパートナーとの言い争いや、仕事を進める上での上司との意見の対立は、誰もが経験したことがあるはずです。こうした言い争いや対立から生じるコンフリクト（葛藤）は、共同生活をしていく上で避けられず、それを解決してこそ成熟した人間関係を築けます。

そもそもコンフリクトが放置されると、対人関係が悪化し、相互に対する信頼感が低下する可能性があります。一方で、適切に解決されると、人間関係はより強固になり、共感や理解が深まるのは言うまでもないと思います。

コンフリクトを解消する基本原則について考えてみましょう。まず、コンフリクトに直面したら冷静なマインドセットを持つことが大切です。決して感情的にならず、客観的に状況を見つめることが、解決に向けたステップの出発点になります。

冷静なマインドセットで心を落ち着けたら、次に相手の立場で状況を見つめてみましょう。先に共感的理解の話をしましたが、まさに相手に共感し、相手の立場を理解すれば、自分の立場からは見えてこなかったものを発見でき、より建設的な対話の糸口を見出せます。

互いが共に問題の解決策を模索する際には、双方が妥協しやすい立場を見つけることが大切です。相手の立場を理解すれば、相互が納得できる解決策を見つけられる可能性が高まります。さらに、選択した解決策を実行し、その後の状況を評価します。解決策が機能しない場合は、再び問題を特定し、新たな解決策を模索する必要があります。

往々にしてコンフリクトは、コミュニケーションの不足や誤解から生じるものです。適切なコミュニケーションを通じて、自分の気持ちや期待を相手に伝え、逆に相手の意見や感情にも注意しましょう。日頃から積極的なコミュニケーションを心掛けていれば、コンフリクトを未然に防ぐ可能性はぐんと高まるはずです。

●ポジティブなリーダーシップ

本書の読者の中には、組織に属し部下を持っている人も大勢いるに違いありません。リーダーに求められる資質の一つがポジティブ・リーダーシップです。これはポジティブ心理学やポジティブ組織心理学、ポジティブ変革の研究などから生まれたポジティブ原理を基礎に、「もっとポジティブなリーダーになるにはどうすればよいか」に答えるものです。

ミシガン大学ポジティブ組織研究センター創設者の一人でポジティブ組織心理学の第一人者であるキム・キャメロンは、ポジティブ・リーダーシップに必要な要素として、①ポジティブな組織風土、②ポジティブな人間関係、③ポジティブなコミュニケーション、④ポジティブな意味づけの四点を列挙しています。[8] 順番に見ていきましょう。

まず、ポジティブな組織風土ですが、これはリーダーが率先して、組織の寛容さを奨励し、助け合い励まし合う組織の形成を意味します。近年、心理的安全性がよく問われるようになりました。心理的安全性とは、組織やチームの環境において、メンバーが自分の考えや意見を自由に表明し、ミスや失敗を恐れずに学び、改善できる環境を指します。心理的安全性の高いチームや組織では、メンバーが恐れや緊張を感じることなく自分自身を表現できます。ポジティブな組織風土とは、まさに心理的安全性の高いチームや組織を作ることだといえるでしょう。

次に、ポジティブな人間関係についてです。キャメロンが推奨するポジティブな人間関係とは、チームのリーダーが率先して周りの人に活力を生じさせ、それをサポートするよう努めることを指しています。キャメロンはこのような人をポジティブ・エナジャイザーと呼びます。これに対して周りの人の情熱やいい気分を消し去る人をネガティブ・エナジャイザーといいます。チームのメンバーが相互に相手を励ますポジティブ・エナジャイザーであれば、良好な人間関係を築けることは想像に難くありません。

さらに、ポジティブなコミュニケーションでは、組織やチーム内におけるポジティブなコメントとネガティブなコメントに着目します。キャメロンによると、ポジティブ・コメントとネガティブ・コメントの比は、業績の高いチームでは五・六対一、中程度のチームで一・八対一、業績の低いチームで〇・三六対一だったといいます[9]。つまり、ネガティブなコメントよりもポジティブなコメントを五倍にすると、組織やチームの生産性を高められるわけです。家族療法の分野などではこの五対一の比率をゴットマン率と呼んでいます[10]。

ただし、具体的な数字には注意が必要かもしれません。拡張 - 形成理論を唱えたバーバラ・フレドリクソンは、かつてポジティブな人生を過ごすには、ポジティビティとネガティビティの比率を三対一にすべきだと提唱し、これを「三対一の法則」と称しました。しかしながらのちにフレドリクソンは、この三対一の黄金比率は誤りだったと撤回しています。元にした数理モデルに間違いがあったのが理由でした。[11] 組織やチームの生産性を高めるにはポジティブなコメントを増やすことは欠かせませんが、五対一や三対一はあくまでも目安と考えておくべきでしょう。

最後に残りのポジティブな意味づけについてです。これは組織やチームのメンバーが、組織が持つ目標を自らの事柄として理解し、その目標に向けて活動する態度を指します。これに関して面白い実験があります。奨学生に対する募金を呼びかける団体を対象としたもので、奨学金から大きな恩恵を受けたことを奨学生から直接聞いた勧誘員と、そうでない勧誘員の職務遂行能力を調べました。[12] その結果、奨学生と直接対話した勧誘員は電話時間が一四二％増加し、集めた募金額が一七一％増加する結果になりました。

奨学生と直接対話した勧誘員は、奨学金が奨学生にとってどれだけ重要なのかを理解し、少しでも奨学生のためになろうと募金勧誘活動に懸命になったと考えられます。これは、組織やチームにおける自分の活動の目的を知り、その意味を理解していると、活動へのエンゲージメントが深くなることを示しています。メンバーをそのようにしむけるのも、ポジティブ・リーダーシップの重要な役目です。

●自己認識と良好な人間関係

自己認識は自分自身の理解であり、他者との関係を構築する上での強固な基盤になります。自分の感情や価値観、強みや弱みを把握すれば、他者とのコミュニケーションがより効果的になり、より健全な人間関係を築けます。以下、なぜそうなるのか、ここでは次章で詳しくふれる「強み」に焦点を当てながら、その理由を探ってみたいと思います。

私たちにとって自分の「強み」とは、自分を自分らしくするために欠かせないスキルや能力を指します。強みを強化し、それを用いて社会に貢献すれば、人は他人から差別化された確固たる人物として成長していきます。自己認識とは、自分の強みを理解し、他人にはないその強みをいかに社会に役立てているかを自覚することです。それは他人から差別化された自分自身が、社会に対してなせること、なしていることへの理解です。これにより人には自分に対する自信、すなわち自尊心が芽生えてきます。

同様の強みは私たちの周囲の人も持っています。他人の強みを観察してみましょう。彼らは私とは違う、また別の意味で差別化された強みを用いて社会に貢献しています。そんな姿を認めた時、相手に対する尊敬の念が生じてくるのではないでしょうか。

では、個々に自尊心を持った私たちが、相手に対する尊敬の念を抱きながら、人間関係を築いていくと結果はどうなるか。私たちは自分を卑下せず相手に接していけます。なぜなら自尊心を抱いているからです。また、相手を見下すことなく接していけます。なぜなら相手に尊敬の念を抱いているからです。その結果、互いに信頼できる人間関係を構築できるでしょう。まさにポジティブな人間関係です。

自分を卑下せず、また相手を見下さないことで成立するコミュニケーションをアサーティブ・コミュニケーションと呼ぶことはすでに説明しました。自分も相手も「自分らしくある権利」を持っており、互いを尊重しながら自分の意見を正しく主張する。これがアサーティブ・コミュニケーションの基本的な態度でした。

こうしたコミュニケーションを実現するには何が必要になるでしょうか？　そうですね、その基礎にはここで述べた自尊心と相手に対する尊敬の念が欠かせません。繰り返しになりますが、人間関係はウェルビーイングの向上に資するＰＥＲＭＡの「Ｒ：関係性」に相当します。本章で紹介した考え方や態度、テクニックを利用してより良い人間関係を築き、人生のウェルビーイングを高めてください。

【文献】

(1)カール・ロジャーズ『ロジャーズが語る自己実現の道』（諸富祥彦、末武康広、保坂亨訳、岩崎学術出版社、

二〇〇五年）三五頁

（2）以下、ロジャーズ、前掲書三五～三七頁による。

（3）カール・ロジャーズ『人間尊重の心理学』（畠瀬直子監訳、創元社、一九八四年）一三、二二頁

（4）諸富祥彦『カール・ロジャーズ入門』（コスモス・ライブラリー、一九九七年）七三頁

（5）キム・キャメロン『困難な組織を動かす人はどこが違うのか？』（高橋由紀子訳、日本経済新聞出版、二〇二一年）一〇六～一一〇頁

（6）ロバート・A・エモンズ『ありがとうの小さな練習帳』（Lurrie Yu訳、プレジデント社、二〇一七年）二八～三一頁

（7）セリグマン、前掲書『ポジティブ心理学の挑戦』六〇～六二頁、リュボミアスキー、前掲書『幸せがずっと続く12の行動習慣』九五～一一三頁、エモンズ、前掲書『ありがとうの小さな練習帳』一八～二一頁など参照。

（8）キャメロン、前掲書『困難な組織を動かす人はどこが違うのか？』三～四頁。同書は全体を通じてこの四つについて説明する構成になっている。以下の内容は同書を参考にしている。

（9）キャメロン、前掲書九二頁

（10）キャメロン、前掲書九五頁

（11）小林正弥『ポジティブ心理学』（講談社、二〇二一年）九二頁

（12）Adam M. Grant, Elizabeth M. Campbell, Grace Chen, Keenan Cottone, David Lapedis, Karen Lee. (2007).

〝Impact and the art of motivation maintenance: The effects of contact with beneficiaries on persistence behavior.〟 *Organizational Behavior and Human Decision Processes.* Volume 103, Issue 1, May. 53-67.

第五章　「強み」の育みとその活用

●才能と努力、どちらが重要なのか

スポーツや芸術、学問など、特定の領域で卓越した能力を発揮する人が多数います。凡人から見るとそのような人は、「持って生まれた才能」いわゆる「天賦の才」を遺伝的に持っていると判断しがちです。同様の主張はすでに一九世紀に見られ、例えばフランシス・ゴルトンは、遺伝的要素が人間の卓越性を決定すると端的に唱えています。

ゴルトンはチャールズ・ダーウィンの従兄弟にあたる科学者で、優生学を提唱し統計学にも興味を持った多才の人でした。ゴルトンが遺伝的要素に着目したのは一八六九年に発表した著作『遺伝的天才（Hereditary Genius）』でのことです。この中でゴルトンは、偉大な人物や優れた才能を持つ家族を調査してその遺伝的な特徴に注目しました。その上で、人間の天性の能力が遺伝によってもたらされると主張し、人はたゆまぬ実行や努力する精神で卓越した能力を獲得するわけではないと切り捨てました。

ゴルトンほど極端ではないにしろ、一般に「持って生まれた才能」に対する信仰は、私たちの社会に強く根づいているように思います。しかし、ゴルトンが言うように、本当に努力よりも才能が重要なのでしょうか。天賦の才がなければ、その道では何をやってもうまくいかないのでしょうか。

フロリダ州立大学心理学部教授アンダース・エリクソンは、三〇年にもわたってスポーツや音楽、チェスなど多様な分野の「超一流」のパフォーマンスを科学的に研究し、「努力よりも才能が重要」とするゴルトンの立場を明確に否定しています。エリクソンはこう言います。「長期間にわたる厳しい練習をせずに並外れた能力を獲得したと断言できるケースにはこれまで一度もお目にかかったことがない[1]」、と。自分自身に「生まれ持った才能」を感じられない人は、エリクソンの言葉に勇気づけられるのではないでしょうか。

そもそも「才能」の使用には要注意です。「生まれ持った」の形容句を付けずとも、この言葉自体に偏ったニュアンスである「生まれつき持つ優れた能力」がすでに刷り込まれているからです。また、「それは生まれ持った才能だから仕方がない」と初めから諦めていると、自らの可能性を閉ざすことにもなり兼ねません。この点を雄弁に語るのが絶対音感に対する誤った一般認識です。

絶対音感とは、音楽的な能力の一つで、ある音を聞いた際にその音の高さ（音の名前）を正確に識別できる能力を指します。絶対音感を持つ人は、特定の音が例えば「C」といった具体的な音名に関連づけられているため、聴いた音を即座に認識し、それを言ったり演奏したりできます。従来、絶対音感を持つ人は、一万人に一人ぐらいしかいないといわれていました。つまり絶対音感は、その人の「生まれ持った才能」と考えられていたわけです。

ところが近年では、絶対音感が生まれ持った才能ではなく、特定の訓練によって獲得できると考えられています。心理学者で音楽家の榊原（江口）彩子はその点を実証実験で示しました。[2]この実証実験では、絶対音感を持たない三歳児に対して、ピアノによる和音を聞き分けるトレーニングを七四週間実施し、絶対音感を獲得するプロセスを四期に分けて考察しています。論文ではこの三歳児以外にも二歳〜五歳児に施した同様の訓練に関する記述があり、いずれも絶対音感を獲得するのに成功しています。つまり、絶対音感は持って生まれた才能ではなく、適切な訓練を施すことで、後天的に獲得できる能力であることがわかります（ただし、訓練時の年齢すなわち臨界期が存在するのではないかなど、絶対音感の獲得にはまだ詳細が解明されていない問題は残っています）。

それはともかく、ここで注目したいのは、「絶対音感は生まれ持った才能ではない」の事実が、表面的な字義よりも、もっと深い意味を含んでいる点についてです。どういうことでしょうか。仮に皆さんが絶対音感の持ち主でないとし、絶対音感は生まれ持った才能だと誤った信念を持っているとします。そうだとしたら、皆さんは端から絶対音感を得ようとしないでしょう。より一般化すると、何ごとも生まれ持った才能で決まると安易に片づけると、自らが持つ可能性を自らの手で絶つことになり兼ねません。これが絶対音感に対する誤った信念から得られる教訓です。

そこで本書では以下、特別な場合を除き才能の語は使用せず、代わりに先入見が少なくよりニュートラルなニュアンスを持つ「資質」を用いたいと思います。[3]「生まれ持った才能」を「生まれ持った資質」と言い換えてみてください。これならば誰もが持ち合わせていると納得できるはずです。

スタンフォード大学心理学教授キャロル・ドゥエックは、人の能力は生まれ持った才能によって決まると信じる態度を「こちこちマインドセット（fixed mindset）」、人間の基本的な資質は努力次第で伸ばせると信じる態度を「しなやかマインドセット（growth mindset）」と呼びました。[4]こちこちマインドセットの人は、物事が順調に進んでいる時は自信満々でいます。ところが、ちょっと手に負えない事態に陥ると、たちまちやる気を失います。これに対してしなやかマインドセットの人は、難問に直面しても、何か解決方法があるに違いないと、粘り強く対応します。

人間的な成長を考えた場合、どちらのマインドセットを持つほうが得策かは言うまでもないでしょう。本章ではドゥエックの主張を念頭に、まず、こちこちマインドセットである「重要なのは持って生まれた才能」を捨て去り、卓越した能力は後天的に獲得できると考える、しなやかマインドセットに切り替えましょう。その上で、自分自身が持つ「持って生まれた資質」に目を向け、本章のテーマである「強み」について考えてみましょう。

●「強み」を理解する

改めて自分が持って生まれた資質に目を向けてください。歩く、走る、モノを投げる、ジャンプする、考える、数える、計算する、話す、本を読む、記憶する、夢を見る――。このように人間には多様な資質が備わっています。この中から「特定の資質」を選び出し、それを伸ばすことで、私たちは卓越した能力やスキルを獲得します。この能力やスキルがその人の「強み」になります。

そもそも人はすべての資質を平均して伸ばすことはできません。選択するのはすべての資質ではなく特定の資質であり、選択する資質は人によってまちまちです。したがって、それぞれの人がそれぞれの資質を伸ばすことで、人は他人と異なる差別化された強みを獲得します。その結果、「自分を自分ならしめているもの、それが強みである」となります。あるいは、自分らしさの主要因、自分と他人を区別する最大の特長、それが強みだとも表現できるでしょう。

強みはウェルビーイングの向上に直結します。強みが存在しないのであれば、ＰＥＲＭＡも上手く機能しないといえるほど、その重要性は計り知れません。この点についてはすでに述べましたが、重要な点なので繰り返します。人は強みを活かすことで物事に「Ｅ：没入」し、大きな「Ａ：達成」を手にします。また、達成した成果から「Ｍ：意味・意義」見出し、これがさらに強みを活かす原動力になります。こうして人は他人から差別化された確固たる人物として、他者とより良い「Ｒ：関係性」を結べるようになります。「強み」はＰＥＲＭＡ全体と関連し、ウェルビーイングの向上につながることがわかります。

強みを以上のように捉えると、ならば自分にとっての強みとは何なのか、自分の強みはどこにあるのか、この点が気になってくるに違いありません。その際に頭を持ち上げてくるのが、キャロル・ドゥエックが指摘した「こちこちマインドセット」です。こちこちマインドセットで強みを捉えると、それはその人の才能であり、天から生得的に授かったものだと考えてしまいがちです。しかしながらすでに述べたように、本章（本書と考えても問題ありません）での基本的な立場は、こちこちマインドセットを捨て去って、「しなやかマインドセット」で考えるものでした。

それでは、しなやかマインドセットで自分の強みについて考えてみましょう。強みとは「特定の資質」を伸ばすことで手に入れるスキルや能力のことでした。仮に子ども時代に人より優れた資質があったとしても、これを卓越したスキルや能力にするには、長い時間をかけて育て「強み」にしなければなりません。意識的にしろ、無意識的にしろ、特定の資質を育てる意思なくして、資質が強みになることはありません。つまり、自分の強みは育てるものであって、元から備わっているものではないと考えるのが、しなやかマインドセットから見た強みです。

ですから、しなやかマインドセットを前提にすると、持って生まれた強みは存在しません。ある特定の資質を自分の強みにするのもしないのも、その人自身の判断です。自由意思による選択です。そして、一旦これが自ら取る方向と決めたのなら、自らの意思で特定の資質を強みに変え強化する。

この活動を続けることで、やがて自らの強みは、社会が認める強みへと変質します。最初から社会が認める強みを人が持っているはずがありません。強みは育てるものなのです。以上から、「強みは発見するもの」ではなく、「強みは育てるもの」だとわかります。発見するのではなく自ら育てるものです。その結果、私たちは、他人とは違う自分自身になれます。そして先に述べたとおり、自分を自分らしくするその最大の要因、それがその人の強みにほかなりません。

●好きこそものの上手なれ

ここで問題になるのが、自分が持つどの資質に着目して伸ばしていくべきなのかです。これはなかなか難しい問題ですが、最も重要なのは自分にとって価値があると思うものに正直に従うことではないでしょうか。

子どもの頃を思い出してください。我を忘れて何かに没頭したことはありませんか。どうやら私たちには、理由は分からないけれど、なぜか興味を持つもの、なぜか惹かれてしまうものがあるようです。なぜか惹かれる活動、興味が持てる活動、それをすること自体に喜びや意義を見出せる活動、これらをとりまとめて表現すると「自分にとって価値ある活動」になるでしょう。

私たちがなぜその活動に惹かれ興味を持つのか、その理由を明確には説明できません。しかしながら、過去の経験の蓄積の中で、知らないうちにその活動に興味を持つようになるようです。そして、興味を持って始めたら上手くできたとします。私たちは「やった！」と思います。するとその活動自体が楽しくなるはずです。するとその対象にさらに興味を持ち、もっと上手になろうとするでしょう。さらに上手にできたらもっと楽しくなるはずです。すると価値ある活動が自分にとってもっと価値ある活動になります。

もちろん上手くいかない時も当然あります。そんな時に私たちは「何でだろ？」と考えます。いろいろ試行錯誤して工夫します。そうするとある時に「できた！」の瞬間に遭遇します。この時の嬉しさはひとしおです。こうして私たちは、自分にとって価値ある活動、つまり興味を持った活動にさらにのめり込みます。

このように考えると、「興味を持つ」→「上手くできる」→「さらに興味を持つ」ように、「興味を持つ」と「上手くできる」は相互に因果関係があることがわかります。興味を持つから上手くなる、上手くなるから興味を持つ、というように。

また、両者は相互に強化関係にあるともいえます。興味を持つから技術が向上する、技術が向上するからさらに興味を持つ、というように。いわば「興味を持つ」と「上手くできる」は円の両端にあって、いずれも原因と結果となり、互いに強化し合います。そして、この相互的な因果関係と強化関係の円を回転させる原動力になるのが、私たちが持つ「やっていて楽しい」の感情なのです（図3参照[5]）。

図3：「興味を持つ」と「上手くできる」の関係

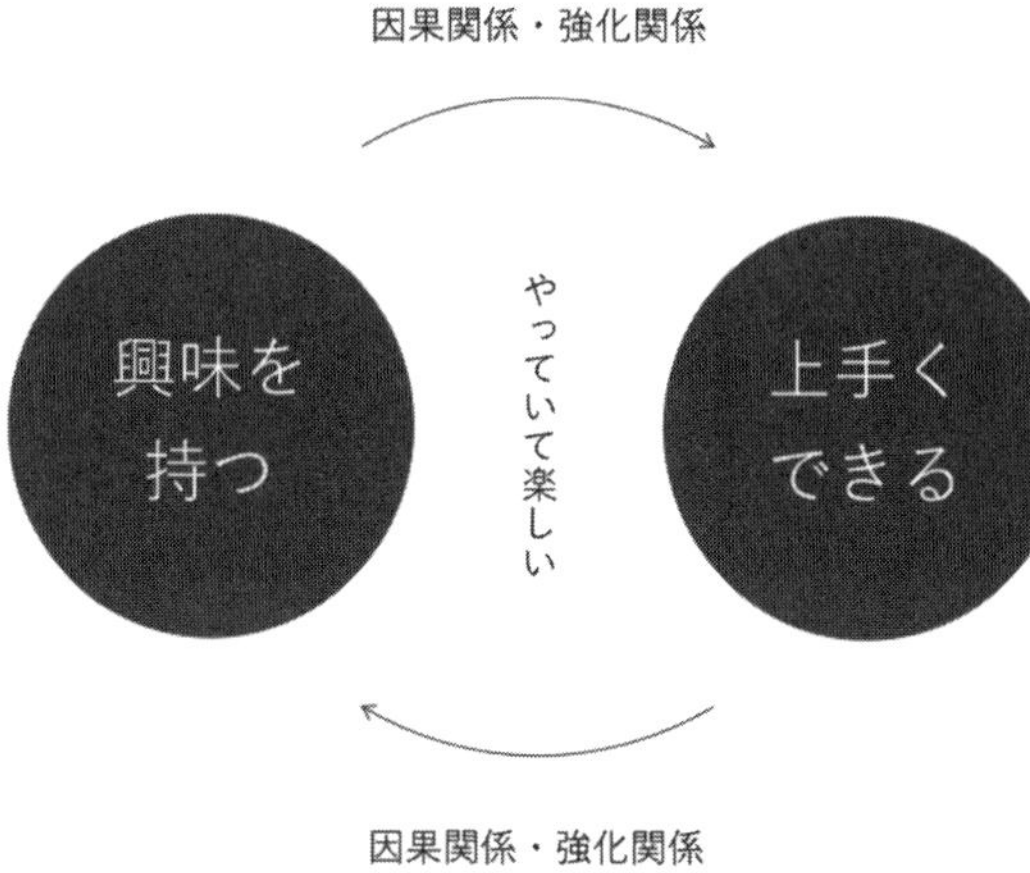

さらにこの回転が繰り返されるとどうなるか。そう、だんだんその活動に必要な知識や技術が豊かになります。一言でいうならば、その活動に対する能力が高くなります。これがだんだん高まることで、そのスキルや能力は自分の「強み」になります。こうして、「自分がやっていて楽しい活動」（自分にとって価値あるもの）において「卓越した能力を発揮」（強みの活用）ができれば、とても充実した気分になれるはずです。するとますますやる気が出てきます。強みとはこのような仕組みで育つのだと思います。

以上のように見てくると、私たちが育てるべき「強み」の出発点は、自分にとって「価値あるもの」、「価値ある活動」になるようです。考えてもみてください。自分にとって価値ある活動だとしても、努力しなければその道での上達はあり得ません。

しかし好きな活動であっても人はなかなか努力しないものです。これが好きでもなければ、なおさら努力は困難になります。したがって、自分の強みを育てる一番の近道は、自分にとって価値あるもの、価値ある活動に情熱を傾けることです。まさに「好きこそものの上手なれ」ですね。

●内発的動機づけと外発的動機づけ

「強み」の出発点になる、自分にとって価値ある活動、理由はわからないけれどなぜか興味を持つ活動、これらと深い関係にあるのが外発的動機づけと内発的動機づけです。外発的動機づけとは、人がある活動を行う際、自分以外の外部からその活動をするよう動機づけられることを指します。これに対して、外部からではなく自分の内側からその活動をやりたいと思うのが内発的動機づけです。したがって、理由はわからないけれどなぜか興味を持ってしまう活動の背景には、内発的動機づけが存在するといえます。

また、外発的動機づけから、やがて内発的動機づけが生じることも頻繁に起こります。例えば、外部からの命令やルールによって動かされている活動は、純粋に外発的動機づけによる活動です。そこから一歩進めて、外部からの命令やルールを丸ごと飲み込んで「自分事の目標」にできます。ただしこの場合、命令やルールは自分の中で消化されていません。ゲシュタルト療法の提唱者フレデリック・パールズはこの状態を取り入れ（introjection）と呼びました[6]。

これに対して命令やルールを、自分の中で完全に消化してしまった状態も考えられます。この場合、ある行動をとる際に、それが事前に命令されたものであったとしても、命令された意識は失われているはずです。この状態を取り入れに対して統合（integration）といいます。

例えば、親から勧められた活動（ピアノでもサッカーでも何でも構いません）は、外発的動機づけによって始まりました。ところがその活動に打ち込んでいるうちに、それ自体が楽しくなる、言い換えると活動それ自体が自己目的的になる場合もあります。これは外発的動機づけが取り入れから統合を経て内発的動機づけになるプロセスだといえます。

のちに述べるように、興味ある活動を通じてスキルや能力を伸ばし、自分の強みにするには、長時間の取り組みが必要になります。外発的動機づけだけではこれに耐えるのは困難です。内発的動機づけがあってはじめて、人は自ら率先して活動し、ために長期間の苦しい練習にも耐えられます。この点を示す興味深い実験があるので紹介しましょう。

一つは幼稚園児を対象にしたもので、子どもたちが楽しんでやっている活動に、報酬を与えるとどのような結果になるかを研究したものです[7]。実験では幼稚園児を、①絵を描いたら「よくできました」と書いてある賞状をもらえる、②前もって賞状をもらえるとは知らないが、絵を描いたあとで賞状をもらえる、③絵を描いても何ももらえない、これら三つのグループに分け、自由に遊んでもよい時間に絵を描いてもらいました。

それから二週間後、自由に遊んでもよい時間に、幼稚園の先生に紙とペンを用意してもらい、子どもたちの行動を観察しました。すると、「前もって賞状をもらえるとは知らないが、絵を描いたあとで賞状をもらえるグループ」と「絵を描いても何ももらえないグループ」の子どもたちは、以前と同様、熱心に絵を描き始めました。

ところが、「絵を描いたら賞状をもらえるグループ」の子どもたちは、以前のように熱心に絵を描こうとしません。絵を描いたとしても短い時間で終わりました。どうしてこのような違いが生じたのでしょうか。

もう一つ、このお絵描き実験とよく似たものに、大学生を対象にしたソマ・パズルの実験があります。[8] ソマ・パズルは七つのブロックからなっており、それぞれのブロックは四つの立方体からなります。ただしいずれのブロックも四つの立方体の結合方式が異なっているため同じ形状のものはありません。この七つのブロックを組み合わせると多様な何千種類もの形状を作れます。

実験では大学生を、①パズルを一つ解くごとに一ドル得られるグループと、②単にパズルを解くだけで、報酬は受け取れないグループに分けて、三〇分間ソマ・パズルに挑戦してもらいました。終了後、実験者は質問票を印刷してくると言い残して席をはずします。その間、八分間でした。実は実験の要はここにあり、実験者らはこの空き時間に被験者の大学生がどのような行動をとるか観察していました。すると、報酬を受け取らないグループでは、実験者が退席したあとのいわば自由時間にも熱心にソマ・パズルに挑戦する姿が見られました。しかし、金銭的報酬を受け取るグループは、受け取らないグループよりもソマ・パズルに接する時間はずっと少なかったのです。なぜこの違いが生じたのでしょうか。

絵を描くにしろ、パズルを解くにしろ、行動に違いが出た背景には動機づけの違いがあったと考えられます。自らの意思で自発的に絵を描いたりパズルをしたりした被験者は、活動そのものに価値を見出していたと考えられます。つまり、熱心に取り組むその背景には内発的動機づけが存在したわけです。これに対して、報酬を与えられた子どもや学生は、報酬が与えられることによって活動それ自体が目的ではなく、報酬が目的になりました。これらの報酬はいずれも外部から与えられるものでした。つまり彼らは外側からの動機づけ、すなわち外発的動機づけによって活動していたことになります。そのため、外発的動機づけである報酬がなくなると、熱心には活動に取り組まなくなったわけです。

以上から、興味を持った活動を続けて、やがてそのスキルや能力を強みにできる可能性は、外発的動機づけよりも内発的動機づけを背景に持つ場合だと考えられます。内発的動機づけで何かを達成すると、嬉しさが込み上げ、もっとやってやろうと内発的動機づけがさらに活発になります。加えて周囲からその能力を認められるようになると、やる気はさらに出てきます。この善循環が特定の資質を強みに変換するエンジンになります。

●自分が持つ資質の傾向を調べる

しかしながら、「興味が持てるものって特にないんだよなぁ……」とため息をつく人もいるかもしれません。それならば、「強みとしての特性」を診断できる「VIA‐IS／Values In Action: - Inventory of Strength)」を受けてみてはいかがでしょうか。「VIA」とは「行動における価値」あるいは「生き方の原則」を意味しています。この診断テストでは、希望と楽観主義の権威であるポジティブ心理学者クリストファー・ピーターソンがプロジェクト・リーダーになって作成した「強みとしての特性（キャラクター・ストレングス）」を基礎にしています[9]。

ピーターソンらは、ギリシア哲学、中世哲学、キリスト教、イスラム教、儒教、道教、仏教、ウパニシャッド、さらにはベンジャミン・フランクリン（アメリカの一〇〇ドル紙幣にある人物）など文化を越えた二〇〇冊に及ぶ哲学書や教典を読み込み、その上でまず人種や文化を超えた遍在的な美徳を特定しようとしました。その結果、三〇〇〇年もの時空を経た六つの美徳が明らかになりました。

①さまざまな知識を獲得して利用する「知恵と知識」
②反対に遭いながらも目標を達成する意志の強さとしての「勇気」
③他人との思いやりある関係を発現する「人間性」

④社会やコミュニティ、グループに対して発揮する「正義」
⑤人を行き過ぎた行為から防御する「節制」
⑥個人よりも大きな宇宙とのつながりを構築し、人生に意味や意義を見出す「超越性」

これら六つの美徳を自分の意思で実践するには、美徳ごとにそれぞれ個別の道筋があります。例えば、ある人は審美眼や感謝、希望、スピリチュアリティの道筋を経て美徳の一つである超越性に至ります。ピーターソンらは、こうした道筋を形成する要因を、その人の「強み」と捉えました。したがって、彼らが特定しようとしたのは、「足が速い」「計算能力がある」「語彙が豊富」など、私たちが一般的に考えがちな強みではない点に注意が必要です。それは、その人が持っている資質の傾向、理由はわからないけれどなぜか惹かれてしまう自分にとって大切な価値です。

ピーターソンらは六つの美徳を達成するための「道筋＝強み＝自分にとっての価値」を二四種類に整理しました（図4参照）。「VIA‐IS」ではこれらの中から自分に特に備わっている「強み（自分が持っている資質の傾向）」を特定できます。そのための無料診断ツール（別途有料サービスもあり）も「The VIA Institute on Character（https://www.viacharacter.org）」で公開されています。日本語環境もあります。

図4：ＶＩＡ２４

美徳	強み（価値）	特徴
知恵と知識	創造性	物事を行うのに目新しく、生産性の高いやり方を考える力がある。芸術的な成果を含むがそれに限定されない。
	好奇心	今起きているあらゆる経験それ自体に興味を持ち、主題やテーマに対して興味深いと感じる。
	向学心	好奇心の枠に留まらず、既知の知識についても体系的に理解を深める傾向がある。
	大局観	人に対して賢明な助言ができる。自分にとっても、また他の人にとっても納得できるような世の中に対する見方を身につけている。
	知的柔軟性	あらゆる角度から物事を考え抜いて検討する。決して安易に結論に飛びつかない。
勇気	誠実さ	真実を語る。自分を誠実に語る。偽りなく存在する。自分の気持ちと行動に対して責任を持つ。
	勇敢さ	脅威や、試練や、困難や、苦痛などに決してひるまない。反対にあっても正しいことをきちんと言う。
	忍耐力	始めたことを最後までやり遂げる。困難にあっても粘り強く前進し続ける。必ず課題を終わらせる。
	熱意	感動と情熱をもって生きる。物事を中途半端にしたり、いい加減にすることはない。
人間性	愛情	人との親密性、特に互いに共感し合ったり、思いやったりする関係に重きを置く。
	親切心	人に親切にし、人のために良いことをする。他人を助け、面倒を見てあげる。
	社会的知性	他人および自分自身の動機や感情を意識している。異なる状況においても、そこでの適切な振る舞い方を知っている。
正義	公平性	公平や正義という概念に従ってあらゆる人々を同様に扱う。感情が他者への評価をゆがめることを許さない。
	チームワーク	グループやチームの一員としてうまく立ち振る舞う。グループに忠実で、その中で自分のやるべきことを行う。
	リーダーシップ	自分が属するグループがものごとを達成できるように力づけると同時に、グループ内で良い人間関係が保たれるように尽力する。
節制	寛容さ	過ちを犯した人をゆるす。人にやり直すチャンスを与える。決して復讐心を持たない。
	自律心	自分の気持ちや振る舞いをコントロールする。規律正しい。自分の欲や感情をコントロールする。
	思慮深さ	注意深く選択する。不必要なリスクは決してとらない。後悔するような言動はとらない。
	慎み深さ／謙虚さ	自分の業績を自慢せず、自ずから明らかになるのに任せる。自分自身が脚光を浴びることを求めない。
超越性	審美眼	人生のあらゆる領域に美や、卓越性、あるいは熟練の技を見出し、それらの真価を認める。
	感謝	自分や周りに起こった良い出来事に目を向け、それに感謝する心を持つ。そして、感謝の気持ちを表す時間を持つ。
	希望	素晴らしい未来を描いて、それが達成できるように努力する。良い未来がもたらされると信じる。
	ユーモア	笑いやいたずらを好む。人に笑いをもたらす。明るい面を見る。ジョークを考える。
	スピリチュアリティ	より高次の目的や、森羅万象の意味について、強く一貫した信念を持っている。

出典：The VIA Institute on Character（https://www.viacharacter.org）を基に作成

右のURLにアクセスして、右肩にある「TAKE THE FREE SURVEY」ボタンをクリックしてください。日本語を選んだあと初回はユーザー登録が必要です。診断を実行すると二四種類の「道筋＝強み＝自分にとっての価値」のうち、トップ5の強みとそれに続く中間の強み、さらに最も下位の強みが明らかになります。その上で、自分が興味を持つ活動を通じてこの価値を意識的に追求します。そうすれば、その活動に必要なスキルや能力が養われ、やがて一般的な意味での「強み」へと発展していきます。

ここで重要になるのは、自分が興味を持つ活動とは、価値を追求するための手段だということです。例えば、同じ「創造性」を追求する場合でも、絵画か文章か、それとも音楽か、その手段（活動）は人によってまちまちです。価値を追求する中で、この手段に必要なスキルや能力が養われ、やがてそれが私たちの（一般的な意味での）「強み」になります。やっていて楽しい活動とは、知らないうちにその背景にある価値を追求しているからこそ、理由はわからないけれど自分にとって価値ある活動になる、ということなのでしょう。その自分にとっての不明瞭な価値を明瞭にしてくれるのが「ＶＩＡ‐ＩＳ」になります。

●強みを何に活かすのか

興味を持った活動を地道に続け、やがてスキルや能力が向上し、自分にとっての強みになったとします。では、この強みを何に活用すべきなのでしょうか。

例えば、テレビゲームに夢中になっている人は、その活動がやっていてとても楽しい活動、やること自体に喜びを見出せる活動だと考えるに違いありません。繰り返してテレビゲームをしているとスキルは必ず上達します。するとより高いレベルでゲームをプレイします。するとスキルはさらに上達します。まさに強みがさらに強化される状態です。

本章では自分にとって価値ある活動が強みの源泉になると述べてきました。テレビゲームが自分にとって価値ある活動であるならば、繰り返してこの活動を行うことで強みをさらに強化できるはずです。強みをさらに強化する観点からすれば、そのままテレビゲームで遊び続けてもいいはずです。しかし、これだけでは何かが足りない、と誰もが感じるはずです。一体何が足りないのか?

テレビゲームで遊ぶ行為は、あくまでも自分自身だけが楽しむ行為です。そもそも自己目的活動には、活動それ自体に自分の楽しみを見つけ出すわけですから、これはこれで何の問題もありません。

しかしながら、先にもふれた人間は太古から集団を形成して暮らしてきた話を思い出してください。人間の力は他の動物に比較すると非力です。走るのも決して速くありません。空を飛ぶこともできませんし、泳ぎが得意なわけでもありません。そこで人類はこの生物学的劣等性を補うために共同体、すなわち集団を形成するようになりました。集団で住む場所を作り、集団で食べ物を確保する術を覚えることで、人間は他の能力で優位に立つ生き物と互角に渡り合っていく智恵を手にしました。

では、太古から集団の一員として生きてきた人が、周囲の人から賞賛されるのはどのような時でしょうか。それは、その人の強みを集団のために役立てた時です。先のテレビゲームで考えた場合、自分だけ楽しむ活動から、例えばプロのゲーマーとしてゲーム競技に出場し、その力を遺憾なく発揮して、人々に夢や希望、人が持つ無限の能力の素晴らしさを示せれば、もはやそれは自分自身だけが楽しむ行為ではありません。自分が属する社会で他のメンバーを鼓舞する行為になります。

つまり、自分にとって価値があり、自分の強みを存分に発揮できる活動が、そのレベルにとどまるのではいけません。その活動がさらに他の人々やコミュニティ、社会に貢献する活動にまで高めねばなりません。一般に私たちはそうした活動を「仕事」を通じて実践します。この時初めて周囲の人から「素晴らしい」「ありがとう」「また頼むね」といった賞賛の声を得られます。単に賞賛だけでは足りない場合、周囲の人はその活動に対して報酬を支払います。報酬を得られればこれで生活できるのですから願ったりかなったりです。

ここで再び、「ＶＩＡ‐ＩＳ」が明らかにした二四種類の「道筋＝強み＝自分にとっての価値」について考えてみてください。これらは私たちが等しく価値があると考えているものです。したがって、これらの価値に沿う活動は、他の人々やコミュニティ、社会に貢献する活動になります。決して自

図5：「価値」「強み」「貢献」の三つの円

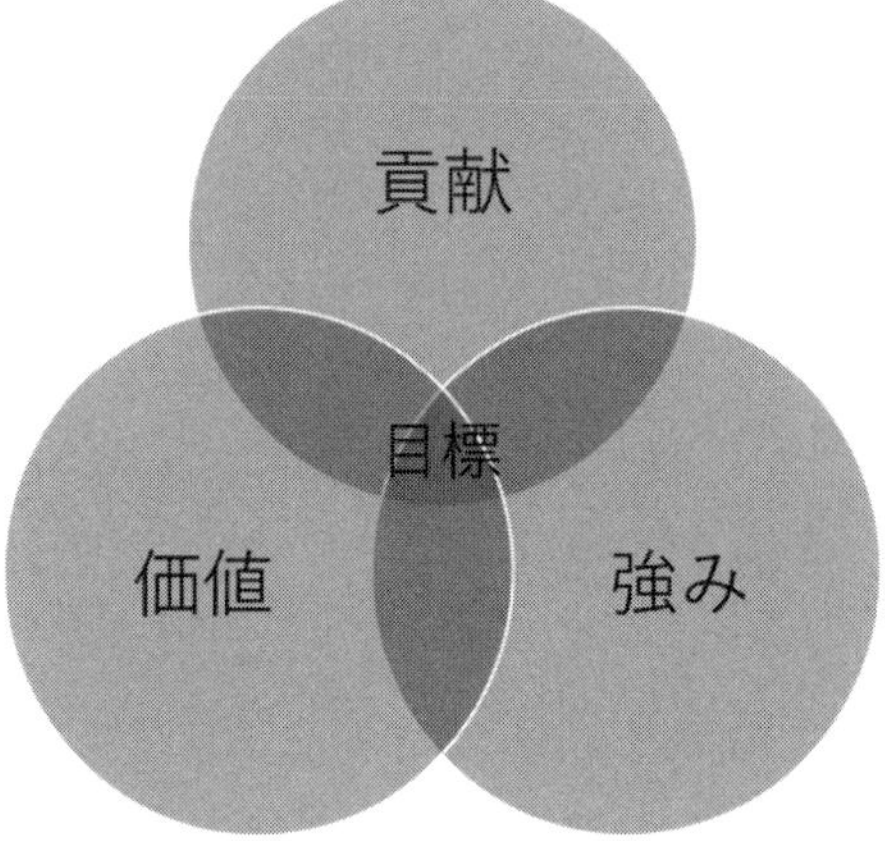

分一人だけが楽しむ行為にはなりません。それゆえ、自分が持つ価値観について理解しておくことは、貢献の基礎になると考えておくべきです。

先に「興味を持つ」→「上手くできる」→「さらに興味を持つ」の循環で、「興味を持つ」と「上達する」には、相互に因果関係があると同時に相互に強化関係があると述べました。この循環を閉じたままにしてはいけません。上達したスキルや能力で社会に貢献する。こうして初めて人は社会の中で独自のポジションを獲得できます。自分にとって価値があり、強みを発揮する活動で、いかに社会に貢献するか、この点が重要になります。

①自分にとって価値ある活動（価値）
②自分の強みを発揮できる活動（強み）
③社会に貢献する活動（貢献）

これら三つを円として示してみます（図5参照）。「価値」「強み」「貢献」の三つの円が重なる部分があります。ここを目標にして活動すれば、私たちの活動は、自分の価値観に沿った、強みをさらに強化でき、社会に資するものになるはずです[10]。

●差別化と統合化

三つの円が重なる部分を目標に活動を継続すると、とても面白い現象が生じます。一つは「差別化」、もう一つは「統合化」の現象です。

ある特定の分野で強みがさらに強くなると、当然その人は、他の人との違いがより明瞭になります。それはそのはずです。強みの強化は自分らしさを前面に押し出すことであり、これは言い換えると他人との違いをはっきりさせることですから。強みをさらに強くすることで、私たちは他人との違いを明確にします。つまりこれが「差別化」です。

しかし、自分の強みを社会に還元しないままでは、自分の強みを生かすことにはなりません。自分の持つ強みを用いた活動で社会に貢献する。こうして初めて自分の強みを社会に還元できます。そういう意味で、自分の強みを生かそうと思うと、社会と密な関係を築く必要があります。私が社会を必要とするように、社会も私を必要とする関係です。こうした社会と私が一体になる現象、これが「統合化」です。

この差別化と統合化にも、相互的な因果関係および相互的な強化関係があります。私たちは、自分の強みを強化して差別化を進めます。その強みで社会との関係を取り結び、社会に貢献します。すると私と社会との統合化が進みます。この統合化はさらなる差別化の原動力になるでしょう。こうして差別化と統合化は、互いが互いの原因であり結果となります。また互いが互いの特徴をより強化する方向に働きます。[11]

現在進行形の強みの強化とは、私たちが社会に貢献する一人の人間として独立すると同時に、社会との良好な関係を取り結ぶ中で育て上げるものです。つまり、私たちは自分自身を差別化して他人とはまったく異なる独立した存在になると同時に、社会のメンバーとして社会に貢献する存在として統合化されます。

この差別化と統合化の過程で、

自分がやっていて楽しい活動において（価値）
卓越した能力を発揮でき（強み）
しかもそれが世の中に役に立てば（貢献）

とても充実した生活を送れると思いませんか。「価値」「強み」「貢献」、この三つを達成できる活動を「仕事」を通じて続けていけば、その仕事はその人にとっての「天職」になるはずです。またその仕事を通じて、自ずと人生に対する「M：意味・意義」も見つかるのではないでしょうか。それはとても充実した人生であり、高いウェルビーイングを実現する生き方だと言って間違いないと思います。

【文献】

（1）アンダース・エリクソン『超一流になるのは才能か努力か？』（土方奈美訳、文藝春秋、二〇一六年）二七八頁
（2）榊原彩子「絶対音感習得プロセスに関する縦断的研究」『教育心理学研究』47、一九九九年、一九～二七頁
（3）エリクソン、前掲書『超一流になるのは才能か努力か？』三〇五頁参照。ここでエリクソンは「才能」を「特定の資質」と言い換えている。
（4）キャロル・ドゥエック『「やればできる！」の研究』（今西康子訳、草思社、二〇〇八年）一六～一七頁
（5）中野明『アドラー心理学による「やる気」のマネジメント』（アルテ、二〇一五年）九一～九三頁

（6）フレデリック・パールズ『ゲシュタルト療法』（倉戸ヨシヤ訳、ナカニシヤ出版、一九九〇年）四七頁。余談ながら、フレデリック・パールズとフリッツ・パールズは同一人物になる。
（7）Lepper, M. R., Greene, D., & Nisbett, R. E. (1973). 〝Undermining children's intrinsic interest with extrinsic reward: A test of the 〝overjustification〟 hypothesis.〟 *Journal of Personality and Social Psychology*, 28(1), 129–137.
（8）エドワード・デシ、リチャード・フラスト『人を伸ばす力』（桜井茂男監訳、新曜社、一九九九年）三〇～三三頁
（9）以下、ピーターソン、前掲書『ポジティブ心理学入門』の「第6章 強みとしての特性」、セリグマン、前掲書『世界でひとつだけの幸せ』の「パート2 あなたにとっての強みと美徳」を参照。
（10）中野明『アドラー心理学による「強み」のマネジメント』（アルテ、二〇一五年）三一頁
（11）中野明、前掲書一一九頁

第六章　「できる」をより強化する処方箋

●資質を開花させる「一万時間の法則」

自分が持つ資質を強みに育てていくには、長い時間が必要になる、と誰もが容易に想像できます。では、周囲の人が「それはキミの強みだね」と賞賛してくれるまで、一体どれくらいの時間が必要になるのでしょうか。

現在、フロリダ州立大学心理学部で教授を務めるアンダース・エリクソンらは、一九九〇年代の初頭にある研究に着手し、実に興味深い結論を得ました[1]。エリクソンらは、多くの著名バイオリニストを輩出してきたベルリン芸術大学の支援を受けて、大学でバイオリンを学ぶ学生から、三〇名を選び出し、彼らを一〇名ずつ三つのグループに分けました。

一つは「Sランク（最優秀バイオリニスト）」と呼ぶグループで、彼らは将来国際的なソリストとして活躍する能力を秘めています。次に「最優秀バイオリニスト」ほどではないものの、かなり演奏がうまい一〇名を「Aランク（優秀バイオリニスト）」グループとして選びました。さらに、同じ学校の生徒で入学基準の低い別の学部から一〇名のバイオリニストを選び、彼らを「Bランク（未来の音楽教師）」グループと命名しました。

エリクソンらは被験者の個人的なデータを集めたところ、彼らの経歴は三つのグループを問わず非常に似かよったものでした。いずれもバイオリンを始めたのは八歳頃で、一五歳の頃に音楽の道に進むことを決意しています。すでに一〇年以上のバイオリン演奏経験を持っていました。また、意外なことに練習が好きでたまらない人はどのグループにもいません。猛烈な練習に耐えるのは、練習が能力を向上するのに欠かせないと考えていたからです。

ただし、顕著な違いが一つありました。それは一八歳に達するまでの練習時間の長さです。三つのグループの練習時間の累積平均を計算すると次のようになりました。

Sランク（最優秀バイオリニスト）　七四一〇時間
Aランク（優秀バイオリニスト）　五三〇一時間
Bランク（未来の音楽教師）　三四二〇時間

また、エリクソンらは、ベルリン・フィルとラジオ・シンフォニー・オーケストラで活躍する中年バイオリニストの推計練習時間も調査したところ、彼らが一八歳になるまで、ベルリン芸術大学のSクラスのバイオリニストとほぼ同様、平均七三三六時間を費やしていたことが判明しました。彼らが二〇歳になるまで費やした練習時間は平均一万時間にのぼります。またエリクソンは、バイオリニストとは別に一流のダンサーが二〇歳までに費やした練習時間を調べたところ、やはり平均で一万時間を超えていることがわかりました。

以上からわかるのは演奏技能と練習時間には明確な関連があることです。上達しようと思えばそれだけ練習しなければならない。エリクソンらの研究は、私たちが経験的に理解していることを、具体的な数字でもって示したわけです。このエリクソンの研究が基礎になり、その道で成功するには一万時間の訓練が必要だと考えられるようになり、これを「一万時間の法則」と呼ぶようになりました。また、仮にその訓練に一日二・五〜三時間かけたとすると概算で一〇年かかる見当です。そのため一万時間の法則は「一〇年の法則」と呼ばれることもあります。

ただし、「一万時間」や「一〇年」といった具体的数字には要注意だとエリクソン自身が警鐘を鳴らしています。そもそも「一万時間の法則」という呼称は、アメリカの著名コラムニストであるマルコム・グラッドウェルがアンダース・エリクソンの論文を基礎に著作『天才! 成功する人々の法則』の中で用いたものです。[2]

エリクソン自身も、一流になる可能性の高いバイオリニストやダンサーは二〇歳までに平均一万時間を練習に費やしていたと述べました。しかし、一八歳時点はもちろん、二〇歳時点でも、Sクラスのバイオリニストは、世界的なトッププレーヤーの域にはほど遠かったのが現実です[3]。一流になろうと思えば、さらなる練習が必要なのは明らかでした。しかも、ただ漫然と長時間の練習をしていても、その道で上達するのは不可能です。

以上の理由から、エリクソンは「一万時間という数字には何の特別な意味も魔力もない[4]」と述べています。ただし、その道で秀でたスキルや能力を獲得するには膨大な練習時間が必要なことは動かせない事実です。この「膨大な時間」を象徴的かつ印象深く表現するのに「一万時間」の言葉にはとてもインパクトがあります。しかし、一万時間かければ誰もがエキスパートになれるわけではありません。あくまでも「膨大な時間」のレトリックだと理解しておくべきです。

●研鑽ゾーンにおける目標

ところで、先にただ漫然と一万時間の練習をしているだけでは、その道で上達するのは不可能だと述べました。これは「快適ゾーン」で練習していると言い換えられます。どういうことか説明しましょう。仕事や勉強、スポーツなど、ここに自分が関心を持つ対象があると考えてください。この関心の対象には、自分の力でコントロールできるものと、自分の力ではコントロールできないものとがあります。

たとえば、サッカーを関心の対象とするアマチュア・サッカー選手の場合、明日の試合の天候はコントロールできません。つまり天候は彼にコントロールできない要因です。審判のジャッジもそうです。審判がルールに従ってジャッジするのは当然のことです。しかし判断するのはあくまでも審判です。このジャッジも彼が自分でコントロールできない要因の一つです。

もちろんその一方で、彼が自分でコントロールできる要因も存在します。例えば、朝六時に起床して五キロメートルのランニングを行う場合、これは自分でコントロールできる要因です。やるかやらぬかは自分次第です。ドリブルの技術やコーナーキックの技術、フェイントのコツ、これらはいずれも自ら練習を課さなければ上達は望めません。練習するかしないかは、いずれも自分でコントロールできる要因です。

では、この関心の対象を大きな円だと考えてください。著作『7つの習慣』で著名なスティーブン・コヴィーは、これを「関心の輪」と呼びました(5)。この関心の輪にそれよりも小さな同心円を重ねます。これにより小さな同心円内の領域と、大きな円から小さな同心円を除いた領域が出来上がりました(図6参照)。関心の対象のうち小さな円は自分でコントロールできる要因、それ以外の領域は自分でコントロールできない要因だと考えてください。この自分でコントロールできる領域内の目標を地道に達成していくことで、人はスキルや能力を向上させられます。自分でコントロールできる領域に集中すれば、自分自身をライバルとして自覚し、昨日の自分よりも今日の自分の成長、今日の

図6：関心の輪①

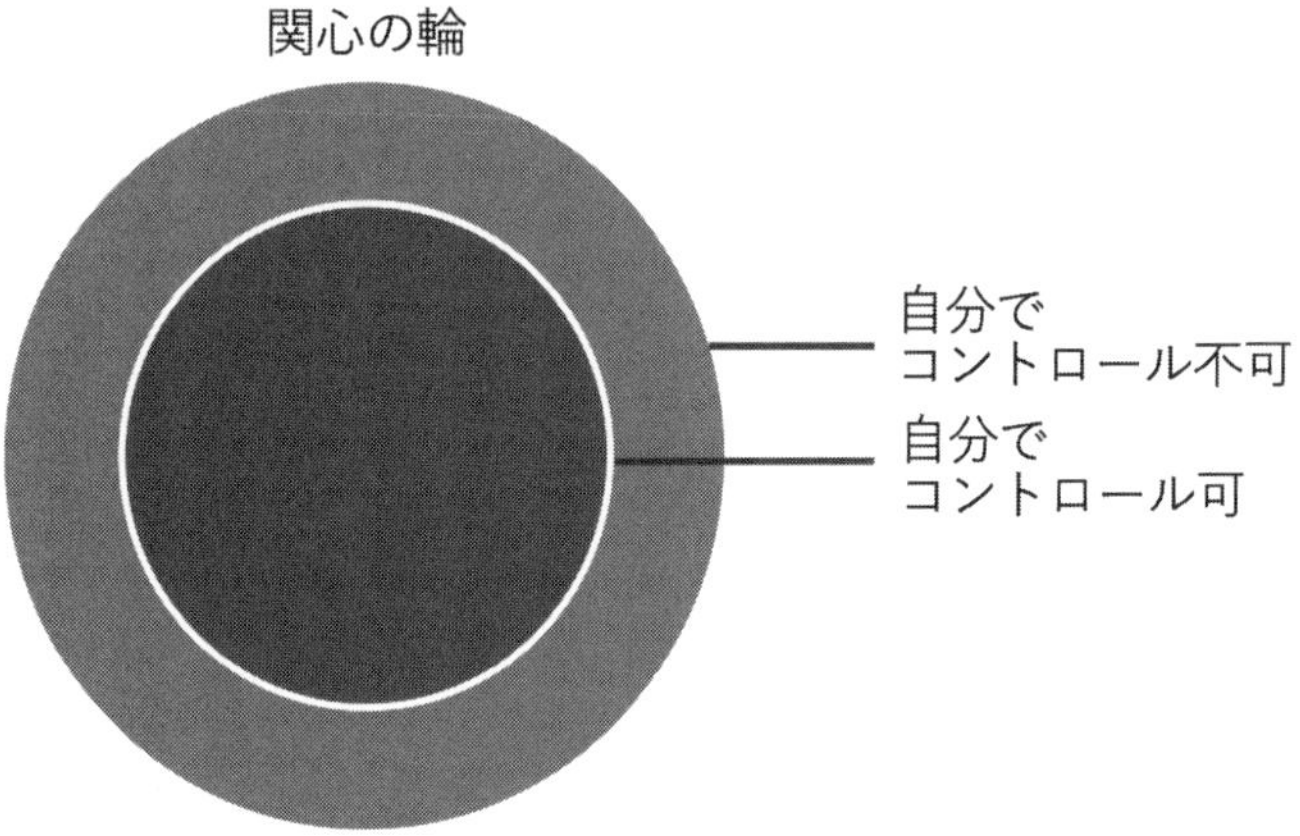

自分よりも明日の自分の成長に焦点を合わせられます。

その際に、成長の基準をどの程度にするかが問題になります。自分に対して厳しい人は成長の度合いを高く設定するに違いありません。一方で、自分に対して甘い人はそれほど高い水準を設けないでしょう。場合によっては現状維持で満足する人もいるかもしれません。こうして自分でコントロールできる領域は二つに分割されます。[6]

一つは自分の成長をそれほど求めない領域です。この領域に自分を留め置くと、買ってでも苦労する必要はありませんから、きっと快適に違いありません。ですからこの領域を「快適ゾーン」と呼びます。イメージを具体化するために、先に示した二つの同心円の、自分でコントロールできる領域を示す円に、それよりも小さい同心円をさらに

図7：関心の輪②

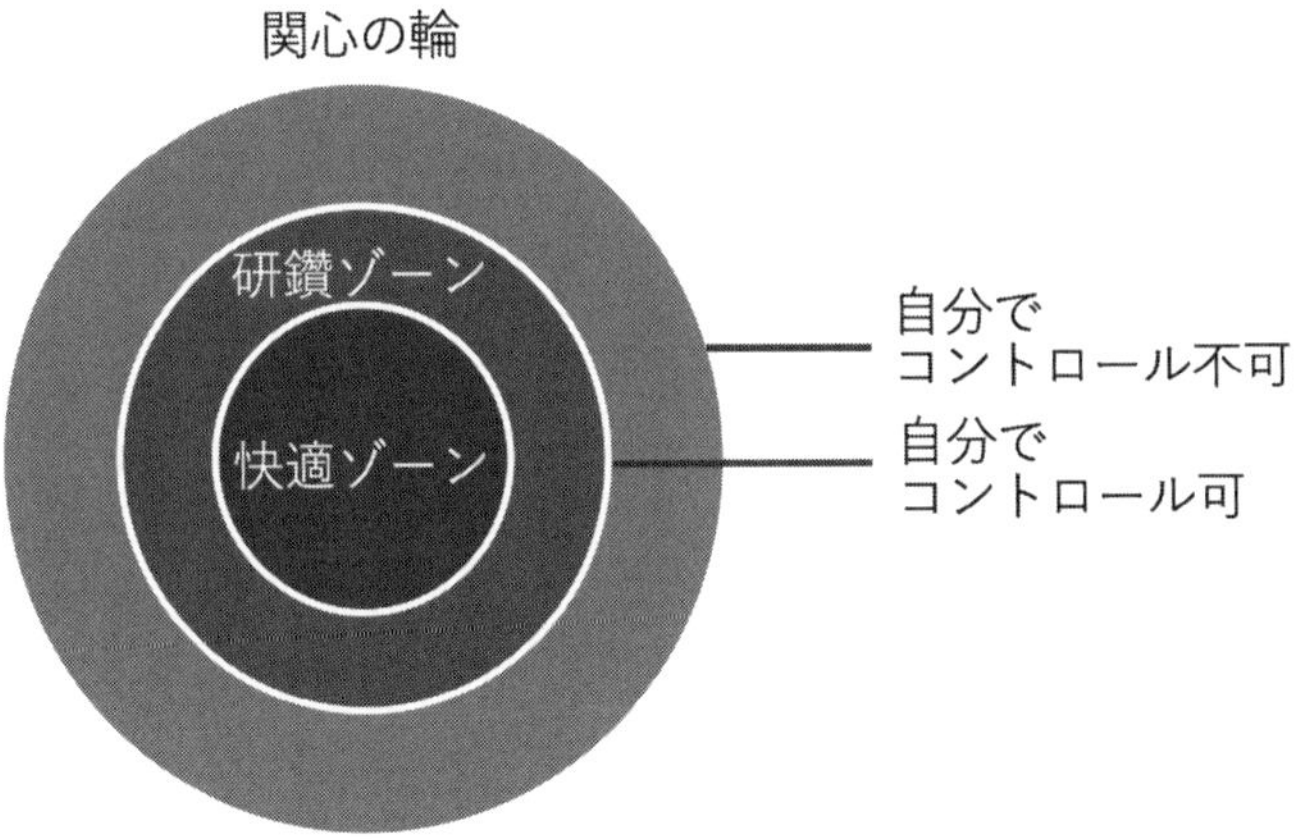

重ね合わせてください（図7参照）。この最も小さな円が快適ゾーンです。漫然と一万時間の練習をするのは、この快適ゾーンの外に飛び出さない状態を指しています。

これに対して、昨日よりも今日の成長、今日よりも明日の成長を目指す領域が存在します。この領域では常に自分を高めることが欠かせません。ですからこの領域は「研鑽ゾーン」と呼べます。研鑽ゾーンとは、自分でコントロールできる領域から快適ゾーンを除いた領域です。

特定の資質を強みに変えていくには、この研鑽ゾーンで具体的な目標を掲げそれを達成し続けることが欠かせません。研鑽ゾーンでの具体的目標とは、現在自分が持っているスキルや能力を少し上回る目標です。漫然と「上達したい」と考えるのではなく、現状を理解し、改善点を明らかにし、実現のための具体的目標、できれば数値目標の設定が欠かせません。こうすれば、目標を達成できたのか、それともできなかったのか、一目瞭然になります。

さらにその目標に向けて集中して取り組み、その結果をフィードバックして、次の目標に活かします。目標を達成すればするほど、「やればできる」の感覚が強まります。これを自己効力感といいます。自己効力感が高まるとさらに高い目標にチャレンジしたくなります。これが「漫然とではない練習」であり、アンダース・エリクソンはこの練習を「目的のある練習」と呼びました。[7]さらにエリクソンは、目的のある練習を発展させ、エキスパートやコーチのフィードバックを取り入れた「限界的練習」の実践を提唱しています。[8]このような練習を「一万時間＝膨大な時間」繰り返すことで、卓越した能力を生み出すことができます。練習や訓練の量は必要ですが、質も伴っていなければなりません。

●エンゲージメントとフロー

ここで目標についてもう少し掘り下げて考えてみましょう。実は研鑽ゾーンで設定する目標は、ウェルビーイングを構成する要素の一つである「E：エンゲージメント・没入・没頭」と深い関係があります。どういうことか説明するには、第二章で若干ふれた心理学者ミハイ・チクセントミハイが提唱した「フロー」についてふれる必要があります。

図8：フローモデル

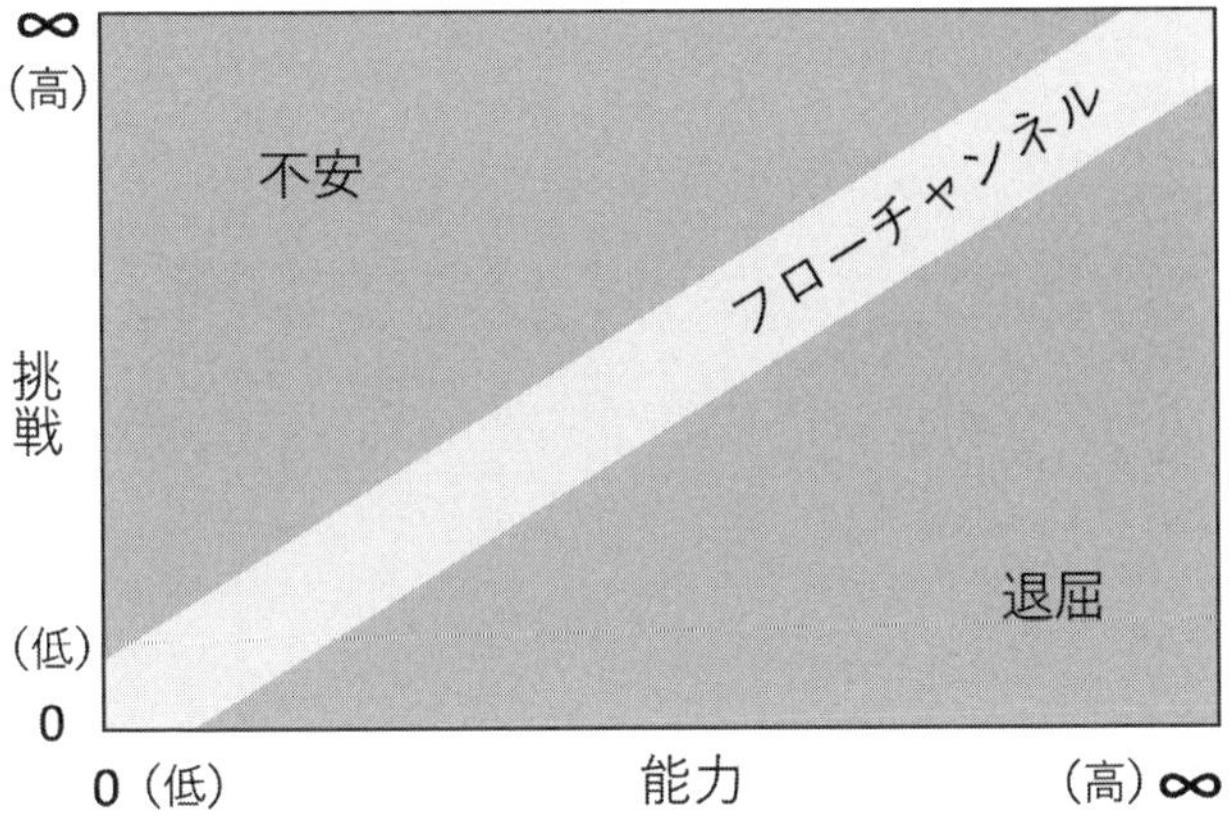

出典：ミハイ・チクセントミハイ『フロー体験　喜びの現象学』P95を基に作成

フローとは、人が「一つの活動に深く没入しているので他の何ものも問題とならなくなる状態、その経験それ事態が非常に楽しいので、純粋にそれをするということのために多くの時間や労力を費やすような状態[9]」を指します。ふと気がつくと、何かに夢中になって我を忘れていた経験は、誰にもあるはずです。そうだとしたら、皆さんもすでにフローの経験者になります。

チクセントミハイは、フットボールやロッククライミング、チェス、バスケットボール、芸術や科学を含む創造的活動一般、医療の手術、それにディスコダンスといったさまざまな分野で、人がフローを経験している時に生じる感覚を、インタビューを通じて調査しました。するとどの事例にも驚くほどの類似性があることに気づきます。それは、

①目標が明確で、

②迅速なフィードバックがあり、

③スキル（技能）とチャレンジ（挑戦）のバランスがとれたぎりぎりのところで活動している時、

というように、これら三つの条件が揃った時、人はフローを体験する可能性が高くなりました。[10]チクセントミハイはこのフローの状況を極めてシンプルな図で表現しています。この図を便宜上「フローモデル（フロー状態のモデル）[11]」と呼びます（図8参照）[12]。縦軸が「挑戦（チャレンジ）」の高低、横軸が技能（スキル）の高低を示したマトリックスになっています。そして、図の中央には左下から右上へ帯状の領域が見えます。

チクセントミハイはこの帯状の領域を「フローチャンネル」と呼んでいて、その特徴は「スキル（技能）とチャレンジ（挑戦）のバランスがとれたぎりぎりのところ」にあります。つまり、自分が挑戦する課題と、その課題に対処する自分の能力とがぎりぎりのところで均衡している領域、これがフローチャンネルです。

しかし私たちのスキルとチャレンジがいつも均衡しているとは限りません。挑戦する課題のレベルは高いけれど、それに技能がついていかない場合、私たちは心配や不安を感じます（図の左上の領域）。

また逆に技能は十分過ぎるぐらいにあるのに、課題のレベルがあまりにも低いと私たちは退屈してしまいます（図の右下の領域）。いずれの状態でもフローは体験できません。

さらにこのフローモデルは、フローが生じるしかるべき位置を示しているにとどまりません。この図は私たちがその潜在能力を発揮する経路（チャンネル）をも表現しています。

横軸の技能に着目してください。技能の向上は時間と密接に関係しています。いかなる分野でもプロ級の腕前になるには「一万時間＝膨大な時間」の訓練が必要でした。もちろんプロになったあとでも腕を磨きますから、磨き続けさえすれば、技能の向上と時間には強固な相関関係が生じます。

誰しも最初は技能的に未熟です。これはフローモデルでいうと、横軸の左端近くに位置していることを意味します。そして、自分の技能よりもちょっと上の課題に挑戦したとします。この課題こそが目標であり、技能と挑戦が交差するフローチャンネル上に存在します。

万事この目標をクリアしたとします。そうしたら、縦軸の位置を上に少しだけずらし、もうちょっと上の課題に挑戦します。つまりこれは新しい目標です。そしてこの目標もクリアできたら、さらに高い技能を要する課題にチャレンジする。

この作業を例えば一万時間続けたとしたら――。仮に、一万時間の技能が横軸の中央に位置したとすると、私（あるいはあなた）にふさわしい目標は、フローチャンネルの中央あるいはそれより

図9：フローモデルと三つの円を重ね合わせる

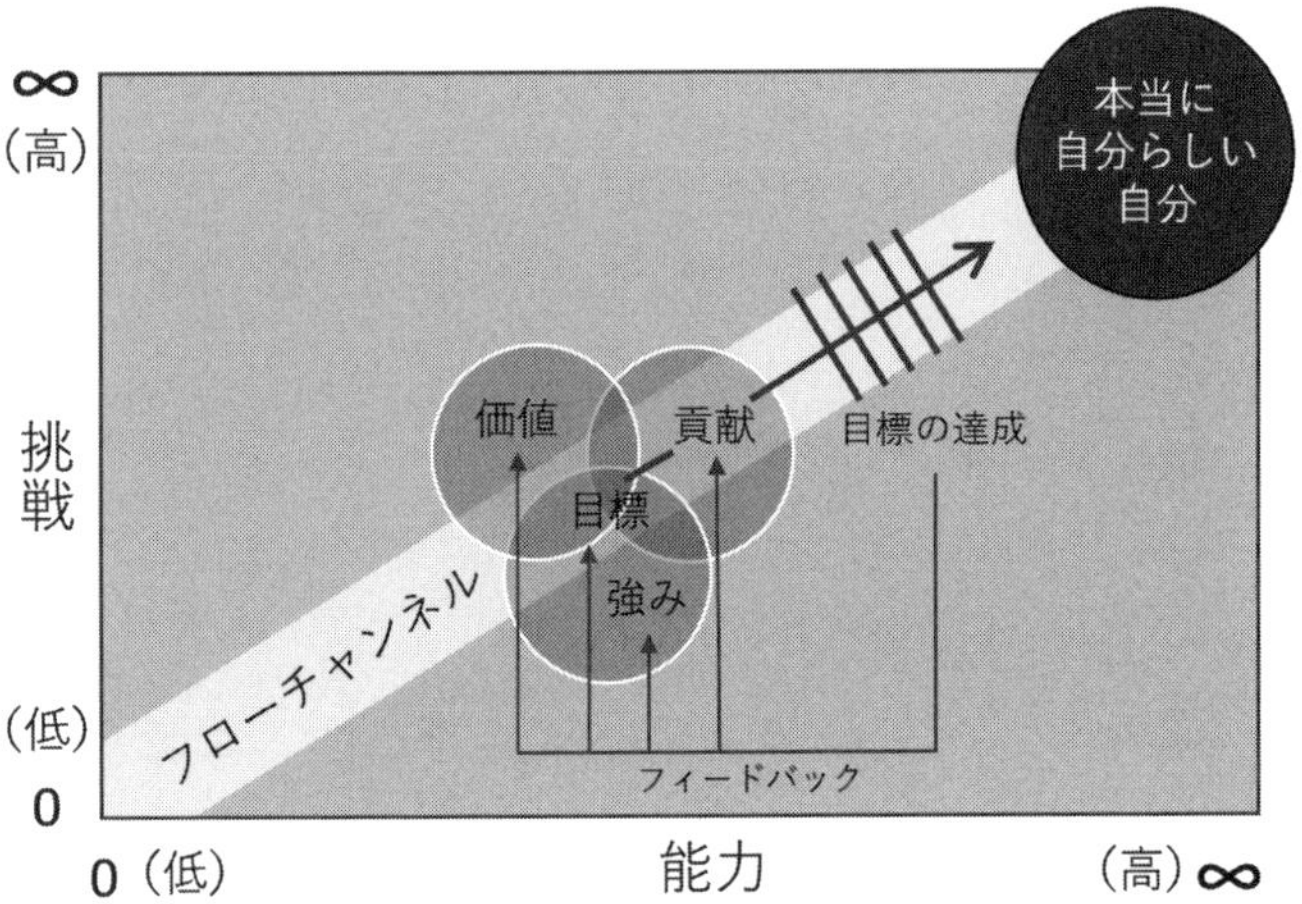

もやや右上にあることがわかります。

技能を高めるには、より難易度の高い目標へのチャレンジが必要です。そして右肩上がりで難易度を増すフローチャンネル上の目標にチャレンジし、その行為自体に没入すれば、私たちはフローを体験できる可能性が高まります。さらにその目標を達成していくことで、私たちの技能はますます磨かれていきます。

これはその人の人間的成長を示しているのにほかなりません。あるいはフロー（流れ）に乗った人間成長のモデルを示しているともいえます。このような人生を過ごせば、私たちのウェルビーイングは大いに向上するでしょう。それゆえ、ウェルビーイングを構成する要素に「E：エンゲージメント・没入・没頭」すなわち「フロー」が含まれているわけです。

●フローモデルに三つの円を重ねる

さらに、チクセントミハイが示したフローモデルに、前章で示した「価値」「強み」「貢献」からなる三つの円を重ね合わせると、とても興味深い事実が浮かび上がります(図9参照)[13]。

まず、三つの円の「価値」について考えてみます。価値ある活動とは、やり甲斐のある活動、挑戦するに値する活動と言い換えられます。つまり、フローモデルの縦軸は、三つの円の「価値」に直結します。

次に「強み」に注目します。私たちは多様な資質の中から「特定の資質」を選び出し、それを伸ばすことで卓越した能力やスキルを獲得します。この能力やスキルがその人の「強み」になります。こうしてフローモデルの横軸にある「能力」は、三つの円の「強み」に直結します。

さらに自分にとって価値があり、強みを発揮できる活動で社会に役立てれば、ウェルビーイングも大きく向上するでしょう。これが三つの円の「貢献」です。先にもふれましたが、この貢献は一般に「仕事」を通じて実践されます。そして、「価値」「強み」「貢献」の三つの円が重なる部分を目標に仕事をこなしていきます。一つの目標が達成できれば、それを「価値」「強み」「貢献」それぞれにフィードバックした上で、「価値＝挑戦」と「強み＝技能」がぎりぎりのところでバランスするさらに高い目標を設定しその実現を目指します。

この活動を繰り返していく、言い換えるとこのフィードバック・ループを回し続けていくと、自分が目指す本当の自分に右肩上がりで近づいていけるはずです。しかも、「価値＝挑戦」と「強み＝技能」がぎりぎりのところでバランスする活動を続けていると、フローを体験する可能性も高まります。継続してフローを体験できる人生、それは非常に高いウェルビーイングを継続して体験できる人生です。

●「やり抜く力＝グリット」を高める

以上、「価値」「強み」「貢献」の三つの円が重なる部分に目標を置き、フローチャンネルを右肩上がりで進んでいくことが、ウェルビーイングの高い人生であることがわかりました。しかしそれは、たゆまぬ努力と継続性を必要とする厳しい道です。すでにふれたように、その道で一人前になるには「一万時間＝膨大な時間」が必要になります。しかもそれで終わりではありません。

これだけの長期間、厳しい活動を継続しようと思うと、その活動に興味を持っていること、理由はわからないけれど惹かれること、この点がやはり重要になります。つまり、外発的動機づけではなく、内発的動機づけによる活動には、自然と「情熱」を傾けられます。また、長期間の活動を継続していくには、自らが設定する（内発的動機づけによる）明確な目標を常に持つことが欠かせません。目標を持つことでそれを実現しようとするやる気が生まれます。必ず目標を達成しようとする強い意思は希望を生み出します。このやる気と希望が、長期間の厳しい活動に耐え抜く「粘り強さ」を生み出します。

マーティン・セリグマンを師とするポジティブ心理学者アンジェラ・ダックワースは、人生で何を成し遂げられるかはこの「情熱」と「粘り強さ」で決まると述べた上で、「情熱×粘り強さ＝やり抜く力（グリット）」と定義しました。[14] ダックワースによると、「才能×努力＝スキル」であり「スキル×努力＝達成」だといいます。[15] ダックワースのいう才能とは、努力によってスキルが上達する速さのことを指し、また達成とは、習得したスキルを活用して得られる成果のことを指します。本書の立場からすると「資質×努力＝スキル」であり「スキル×努力＝達成」と考えるのが適切でしょう。

それはともかく、資質をスキルに変えるにも、スキルから達成を生み出すにも努力が必要です。つまり努力は何かの達成に二重に影響します。そしてこの努力の語は、「情熱」と「粘り強さ」、つまり「やり抜く力＝グリット」と言い換えられます。

ダックワースは、やり抜く力は伸ばせる立場をとり、その具体的方法として「内から外」にグリットを伸ばす方法と「外から内」にグリットを伸ばす方法があると述べました。「内から外」にグリットを伸ばす方法では、やり抜く力が強い人に共通する特徴といえる、①興味、②練習、③目的、④希望に注目します。[16]

まず自分の活動に「①興味」を持ち心から楽しむことです。先にふれたように理由はわからないけれどなぜか惹かれる活動には自然に情熱が傾けられます。情熱を生み出すのに、自分にとって価値ある活動への着目が欠かせません。また、グリットの達人は、常に自分の技能を上回る目標を掲げ、それへの挑戦を習慣づけています。例えば、毎日同じ時間に同じ場所で、注意が散漫になる要素を排除しながら練習を続けることで、最初のうちは「さぁ、始めようか」と考えなければならなかった活動が、いつのまにか自動的にできるようになる、とダックワースは述べています。[17] これが「②練習」です。

それから、自分の活動には確固たる「③目的」があると理解することです。自分の活動が世の中に貢献しているのだと強い自負を持つことです。世の中に役立っていれば周囲からより良く評価されます。そうすると、その活動は自分や世の中に対する投資だと思えてきます。この意識が強まると、途中で辞める理由がどんどん小さくなり、グリットを高められます。

また先に、目標達成のための強い意思が「④希望」を生み出すと述べました。この希望があまりにも楽観的ならば、やがて雲散霧消してしまうでしょう。そのため希望には、ウィルパワー（自己効力感、自分ならやれる感覚）に加えて、ウェイパワー（その目標にどのようにして到達するのか見通しや計画）が欠かせません。[18] 夢があってかつ現実的な目標を持つことは、希望を持つことなのです。

次に「外から内」にグリットを伸ばす方法です。[19] こちらは外側からの力でグリットを高めるものです。厳しい努力を継続するには、周囲にいる人や適切な環境が重要な役割を果たします。周囲にいる人とは、コーチや上司、メンター、友人、パートナーなどを指します。素晴らしいコーチ（指導者）は、自分では気づかない弱点に気づかせてくれ、その改善方法をアドバイスしてくれます。アンダース・エリクソンはコーチによるフィードバックが「限界的練習」には欠かせないと述べましたが、これは「外から内」にグリッドを伸ばす重要性を指摘するものです。

また、能力の高い仲間の中に身を置くと、自分も仲間と同じレベルになろうと必死で努力します。さらには努力が当たり前になります。例えば、朝四時からの練習に一人で耐えるのは非常に難しいでしょう。しかし、仮に周りの仲間が全員四時に起きて練習するとしたら、あなたも負けずに四時に起きるはずです。つまり環境としての能力の高い仲間やチームがグリットの向上に大きく影響するわけです。

ダックワースによると、やり抜く力を身につけるには、大変な方法とラクな方法があるといいます。大変な方法とは自分一人でやり抜く力を高めること、これに対して楽な方法とはやり抜く力が強い人が集まるグループに身を置いてその集団に溶け込むことです。そうすれば自分も自然にそうなる、とダックワースはいいます。[20]

●グリットと関心の輪の関係

グリットの強化についてもう一つ、「関心の輪」との関係について述べておきます。関心の輪は大きく自分でコントロールできる領域と自分ではコントロールできない領域に分割できました。また、自分でコントロールできる領域は、快適ゾーンと研鑽ゾーンに分かれていて、高い目標は研鑽ゾーンの領域に置くべきだと説明しました。

ここで注目したいのは自分でコントロールできない領域です。その領域にも目標を設定できます。例えば、市民マラソンに参加するランナーが、上位一〇位に入ることを目標に練習を積んでいるとします。しかしながら、彼よりもタイムの速いランナーが一〇人いれば、彼は上位一〇位に入れません。よりタイムの速い一〇人のランナーの存在は、彼が自分でコントロールできません。したがって、上位一〇位に入れる目標は自分でコントロールできない領域の目標になります。

これに対して市民マラソンに参加する別のランナーは、自己ベストである三時間一〇分での完走を目標に掲げました。このタイムがそのランナーの能力とかけ離れたものならば、その目標は自分でコントロールできない領域の目標になります。しかし、決して実現が不可能ではないタイムだとしたら、自分でコントロールできる領域での目標になります。

市民マラソンでトップ一〇位に入る、今度のサッカー大会で優勝する、憧れの大学に一発で合格するといったように、自分でコントロールできない領域での目標はさまざまです。切実に願っていたこれらの目標が達成できなかった時、人は大きな挫折を経験します。もしかしたらグリットが萎えるかもしれません。しかし失敗をいつまでもぐずぐず引きずるのは得策ではありません。何せその目標は自分でコントロールできないのですから。「運」がなかったと諦めるのも一つの方法です。やり抜く力が強い人は、自分でコントロールできない目標で失敗しても、過度に落ち込まないのが共通する特徴です。

これに対して、自分でコントロールできる領域での目標を達成できなかった場合、やり抜く力が強い人は自分を徹底して責めます。何せ自分でコントロールできる領域の目標は、文字どおり自分の努力で達成できるからです。毎朝六時に起床して五キロメートル走る目標は、自分でコントロールできる領域の目標です。達成するかしないかは自分次第です。仮に目標達成に失敗したら、責任はすべて自分自身にあります。

同様のことは他人との比較についてもいえます。自分と他人を比較するのは人間にとって自然なことです。優れた仲間をロールモデルにして自分の能力を磨くのは適切な行為といえます。ところがしばし私たちは、同僚や同級生、メンバーの成果に対して激しい嫉妬を覚えます。自分の成果に比べて他のメンバーは、何と高い成果を手にしたことか、と。また、彼らの成果に比較すると、自分が手にした成果の小ささにうんざりします。こうして自分のふがいなさを呪うとともに、自分への嫌悪感が生じます。

しかし、そもそも自分以外の人の努力は、その人自身が行うことです。私自身がコントロールできるものではありません。その結果として、他の人が高い成果を上げたとしたら、それはその人の努力に帰すべきものであり、私が関与できるものではありません。もちろんコントロールもできません。このコントロールできないことに嫉妬や不安、イライラ感を感じながらネガティブに過ごすのは時間の無駄です。

心の平静を取り戻すには、他人と自分の比較に生産性がないのであれば、そのような非生産的活動をきっぱりやめます。その上で、競争相手は自分自身だと定義しましょう。そして、昨日の自分と今日の自分、さらに今日の自分と明日の自分を比較します。より具体的にいうと、昨日の自分に対する今日の自分の成長、今日の自分に対する明日の自分の成長、この競争を自分の中で繰り広げます。さらにこの教訓を一般化すると、自分でコントロールできない領域の出来事について、過度に思い煩わないことです。これはやり抜く力が強い人に共通する傾向の一つとして特定できます。

●継続した練習は脳の変化をもたらす

最後に特定の活動をやり抜き続けていると脳が良い方向に変化する研究についてふれ、本章の締めくくりにしたいと思います。それはロンドンのタクシー「ブラックキャブ」の運転手に関するものです。

イギリスのロンドンには、通常のタクシーとは異なる「ブラックキャブ」と呼ばれるタクシーが走っています。通常のタクシーは一般的な車種を用いていますが、ブラックキャブは黒い車体とキャブの文字でそれとわかる特徴的な外観を持っています。このブラックキャブの運転手になるには、「ザ・ナレッジ」と呼ばれる厳しい試験を通過する必要があります。

ザ・ナレッジは、運転手志望者が有する地理的な知識をテストするもので、ロンドン市内の主要な通りやランドマーク、観光地、施設などについての正確な知識が求められます。また、出発点と終着点を示され、そこに向かう最短ルートを示さなければなりません。そのため志望者向けのガイドブックが用意されており、ここに三二〇の課題コースが掲載されています。志望者は一つひとつの課題コースについて、オートバイや自転車で探索して知識を蓄積します。もちろん試験ではガイドブックに掲載されていないコースも出るため、ガイドブックはあくまでも基本知識を得るためのツールになります。

ロンドン大学ユニバーシティカレッジの神経科学者イレーナ・マグアイアーらは、ブラックキャブの運転手がロンドンの地理情報に関して有している驚異的な記憶に着目し、ブラックキャブの運転手の脳と一般的な人の脳に顕著な違いがないか、ＭＲＩ画像（磁気の力を利用して体の臓器や血管を撮影した画像。磁気共鳴画像ともいう）を用いて比較しました。[21] その結果、ブラックキャブの運転手は海馬の後部が他の被験者と比べて有意に大きいことがわかりました。しかも、タクシーの運転手歴が長いほど、その部位が大きくなっていることを突き止めました。

またマグアイアーによるのちの研究では、運転手になるためのトレーニングを始めようとしている志望者と、対照群としてトレーニングを志望していない被験者を選び、彼らの海馬後部をＭＲＩで測定しました。[22]その結果、志望者と非志望者には有意な違いは見られないことがまず確認されました。

それから四年後、トレーニングを継続してブラックキャブの運転手に正式になった志望者がいた一方で、トレーニングを途中で断念した志望者や試験を受けたものの不合格になった志望者がいました。この二つのグループおよびトレーニングを一切受けていない対照群のグループの三つについて、同じく海馬後部を測定しました。すると驚くことに、正式に運転手になったグループの海馬後部は大きくなっているのに対して、途中で断念した志望者や不合格になった志望者、それに対照群の海馬後部は、大きさに変化は見られませんでした。

同様のことが音楽家の脳の研究からも明らかになっています。アリバマ大学バーミンガム校の心理学者エドワード・トープらは、バイオリニスト六人、チェリスト二人、ギタリスト一人を対象にＭＲＩで脳の測定を行いました。[23]バイオリンやチェロ、ギターなどの弦楽器では、右手に比べて左手を巧みにコントロールしなければなりません。トープはこれが脳にどのような影響を及ぼしているか究明したかったのです。

測定の結果、左手をコントロールする脳の領域は、音楽家でない人に比べて、被験者になった弦楽器演奏者のほうが有意に大きいことが判明しました。さらに、楽器を習い始めた時期が早い被験者ほど、その領域が大きいこともわかりました。これに対して右手をコントロールする脳の領域については、被験者の音楽家と音楽家でない人に違いはありませんでした。

マグアイアーやトープらの研究からわかるのは、人間の脳が厳しいトレーニングを経て成長や変化する事実です。研究者はこれを脳の可塑性と呼んでいます。可塑性を持つ脳は、継続した訓練により変化し、その人の能力に応じた脳組織になります。体操選手はトレーニングを通じてむきむきの筋肉になりますが、これと同じことが脳の中で生じたと考えればわかりやすいでしょう。

継続した厳しい訓練や練習を通じて人の能力は向上すると同時に、脳の作りが変わります。さらに作りが変わった脳が、その人の能力を高めます。練習と脳と能力にはこのような関係があります。しかし脳を変化させるほどの徹底した訓練は、やはり「やり抜く力＝グリット」がないと、実現は困難なのです。

【文献】

（1）以下、エリクソン、前掲書『超一流になるのは才能か努力か？』一二九〜一四一頁を参照。

（2）マルコム・グラッドウェル『天才！ 成功する人々の法則』（勝間和代訳、講談社、二〇〇九年）四二、四五〜四七頁
（3）エリクソン、前掲書『超一流になるのは才能か努力か？』一五七頁
（4）エリクソン、前掲書一五七頁
（5）スティーブン・コヴィー『完訳7つの習慣（25周年記念版）』（フランクリン・コヴィー・ジャパン訳、キングベアー出版、二〇一四年）九六頁
（6）中野明、前掲書『アドラー心理学による「やる気」のマネジメント』四〇〜四三頁
（7）エリクソン、前掲書四二頁
（8）エリクソン、前掲書一四二頁
（9）ミハイ・チクセントミハイ『フロー体験 喜びの現象学』（今村浩明訳、世界思想社、一九九六年）五頁
（10）ミハイ・チクセントミハイ『フロー体験入門』（大森弘監訳、世界思想社、二〇一〇年）iii頁
（11）ミハイ・チクセントミハイ『楽しみの社会学』（今村浩明訳、思索社、一九七九年）八六頁において「フロー状態のモデル」と表現している。ここではシンプルに「フローモデル」と表現した。
（12）チクセントミハイ、前掲書『フロー体験 喜びの現象学』九五頁およびチクセントミハイ、前掲書『楽しみの社会学』八六頁
（13）中野明『ポジティブ心理学は人を幸せにするのか』（アルテ、二〇一六年）八一〜八二頁
（14）アンジェラ・ダックワース『やり抜く力 ＧＲＩＴ』（神崎朗子訳、ダイヤモンド社、二〇一六年）

二三三頁

(15) ダックワース、前掲書七〇頁

(16) ダックワース、前掲書一三二頁。同書の「パート2『やり抜く力』を内側から伸ばす」でこの四つについて詳細を解説している。

(17) ダックワース、前掲書一九八頁

(18) クリスチャン・ヴァン・ニューワーバーグ、ペイジ・ウィリアムズ『ポジティブ心理学ガイド』(西垣悦代、保井俊之、礼野順監訳、ミネルヴァ書房、二〇二三年) 三七頁

(19) ダックワース、前掲書の「パート3『やり抜く力』を外側から伸ばす」で詳細を解説している。

(20) ダックワース、前掲書三三四頁

(21) Eleanor A. Maguire, David G. Gadian, Ingrid S. Johnsrude, Catriona D. Good, John Ashburner, Richard S. J. Frackowiak, and Christopher D. Frith. (2000). 〝Navigation-related structural change in the hippocampi of taxi drivers.〟 *Proceedings of the National Academy of Sciences*. Apr 11;97(8). 4398-4403.

(22) Katherine Woollett, Eleanor A. Maguire (2001). 〝Acquiring 〝the Knowledge〟 of London's layout drives structural brain changes.〟 *Current Biology*. December 08. 2109-2114.

(23) Elbert, T., Pantev, C., Wienbruch, C., Rockstroh, B., & Taub, E. (1995). 〝Increased cortical representation of the fingers of the left hand in string players.〟 *Science*, 270(5234), 305–307.

第七章　レジリエンスとストレス・コーピングの方法

●ストレスとレジリエンス、ストレス・コーピングの関係

ストレスとは、ストレッサー（ストレスの原因になる刺激）により引き起こされる、個人の生理学的・心理学的な変化を指します。この生理学的・心理学的な変化や行動面の変化が目に見えてわかる場合、それをストレス反応といいます。

ストレスは生活の一部であり、避けては通れません。ただしこのストレスには、肯定的なストレス（ユーストレス）と否定的なストレス（ディストレス）があることをまず理解しておくべきです。

ユーストレスはポジティブな刺激であり、人が何かに挑戦しようとする建設的な態度を促してくれます。ですから適切な量のユーストレスは挑戦の機会、成長や学びの機会を提供してくれます。

これに対してディストレスは、負荷があまりにも過大なストレスです。過度なストレスは健康やパフォーマンスに悪影響を及ぼし、過度な疲労や心身の不調を招く可能性があります。

またストレスには、短期的なストレスと長期的なストレスがあります。短期的なストレスは即座の反応を引き起こします。例えば緊急の仕事や試験の前の緊張などがこれに当たります。一方で、長期的なストレスはストレスが持続する状況を指し、継続的な対処が必要になります。例えば仕事の不安や人間関係の問題などがこれに含まれます。

ストレスは自律神経系やホルモンの分泌に影響を与え、心拍数の増加、血圧の上昇、消化器系の異常などの身体的な反応を引き起こします。過度なストレスは認知機能にも悪影響を与え、注意力や記憶、意志力などが低下する可能性があります。また、不安やうつ症状の発現を促すこともあります。

ウェルビーイングを向上させるPERMAの一つに「A：達成」があります。人が達成に至るには多くのストレスを経験します。また、「やり抜く力＝グリット」を高めるのにも、ストレスと上手に付き合うことが欠かせません。つまり、達成を実現しウェルビーイングを高めるには、ストレスを正しく理解し、前向きに捉えていく必要があります。

ストレスと上手に付き合っていく上で知っておきたいことに、レジリエンスとそのサブ概念であるストレス・コーピングがあります。レジリエンスは、人が困難や逆境に対処したり、ダメージから回復したりする基本的な能力を指します。この能力が強化されることで、人はストレスに対して強靭な姿勢を築けます。

木のメタファーを用いるとレジリエンスを具体的にイメージしやすくなります[1]。嵐に見舞われている木を想像してください。木は大きく曲がりながらもなんとか耐え抜こうとします。これは抵抗力、あるいは打たれ強さを示すものであり、抵抗のレジリエンスといえます。また、嵐の中で曲がる木は、次の暴風に備えて対応しようとします。これは対応力や臨機応変力を示しており、再構成のレジリエンスです。さらに大きく曲がった木は、嵐が去ったあと元に戻ります。これはダメージからの回復力を示しており、回復のレジリエンスといえます。

レジリエンスには、困難な経験からの学びと成長を含みます。困難な経験を経るほどその人のレジリエンスは高まります。したがって、ストレスは主観的なものであり、同じ状況でも個人が持つレジリエンスによって影響が異なることがわかります。経験から得た洞察を通じて、より強く、より柔軟なレジリエンスを手に入れることが欠かせません。

一方、レジリエンスと類似した言葉にストレス・コーピングがあります。ストレス・コーピングはストレスが発生した際にそれに対処する手段や戦術を指します。これは主にストレスの軽減や解消に焦点を当てたアクションを指します。コーピングの「コープ（cope）」には、「対処する」「対抗する」などの意味があります。

ストレス・コーピングの特徴は、一時的でかつ個別的なストレスへの対処法を強調する点にあります。したがって、対象になるストレスの状況が具体的な場合、個別のストレス・コーピングが有効に働きます。総じて、レジリエンスは個人の基本的な精神的な強さや回復力を指し、一方でストレス・コーピングは具体的なストレスフルな状況に対処するための手段や戦術を指しています。両者には大きな違いがあることがわかると思います。

個人が強いレジリエンスを持つことで、ストレス・コーピングの能力も向上しやすくなります。また、ストレス・コーピングの技術が高まると、その人のレジリエンスをより強化できます。つまりレジリエンスの強化とストレス・コーピングの向上は、強みによる差別化と統合化と同様、相互に因果関係にあると同時に、相互に強化関係にあります。

その意味で両者は相互に影響し合い、バランスが取れていることが望ましくなります。以下、レジリエンスを高める一般的な考え方とストレス・コーピングの具体的方法について見ていくことにしましょう。

●構成概念としてのレジリエンス

レジリエンスもウェルビーイングと同様、構成概念の一つです。構成概念とは見たり触れたりできないものであり、そのため構成概念を測定するには、それを構成する測定可能な要素を特定する必要があります（第二章参照）。ＰＥＲＭＡはウェルビーイングの構成要素に関する代表的な考え方の一つでした。ただし論者によっては、ウェルビーイングの構成要素はもっと別のものだと主張するかもしれません。実際、第二章では「健康」「強み」「自尊心」「自己決定感」「やり抜く力＝グリット」、さらには本章のテーマでもある「レジリエンス」も、ウェルビーイングの構成要素になるのではないかと議論しました。

　では、レジリエンスの構成要素にはどのようなものがあるのでしょう。これについても論者によって主張が異なると考えられますが、ここではポジティブ心理学者イローナ・ボニウェルが監修し、足立啓美、鈴木水季、久世浩司が著した『子どもの「逆境に負けない心」を育てる本』に掲載されている、レジリエンスの構成要素を紹介しましょう。なぜこれを選んだのか、その理由は分かりやすく明快だからです。

　同書ではレジリエンスが四つの構成要素からなり、これを「レジリエンスの四つの筋肉」と呼んでいます。この四つの筋肉とは、「自尊感情（I am）」「ポジティブ感情（I like）」「自己効力感（I can）」「ソーシャルサポート（I have）」を指しています[2]。同書ではこれらの筋肉の強化により、レジリエンスが高まると主張します。

　実はこれら四つの構成要素について本書ではすでに見てきています。「強み」を自覚し、その強みで社会に貢献する。その結果、人は差別化され自尊感情（自尊心）を持つようになりました。また、ポジティブ感情のパワーは第二章すべてを費やして解説したものです。さらに「強み」を活用して目標を達成すればするほど、「やればできる」感覚、つまり自己効力感が高まります。すると人はさらに高い目標にチャレンジする気がわいてきます。少々わかりにくいのは最後の「ソーシャルサポート（I have）」かもしれません。これは心の支えになる人との関係性を示しています。良好な人間関係の構築については第三章で見たとおりです。これは互いに励まし合える相手を持つこと（I have）であり、周囲からのサポート強化（ソーシャルサポート）にほかなりません。また、レジリエンスは「やり抜く力＝グリット」とも深い関係があります。レジリエンスが高ければやり抜く力も高いでしょうし、やり抜く力が強ければレジリエンスも強くなるからです。

以上のように考えてみると、本書で紹介してきた多くはレジリエンスを強化するためのものだったことがわかります。確かにレジリエンスは構成概念であるため、ウェルビーイングと同様、捉えにくい面があります。しかしこれを本書ですでに説明してきた「自尊感情」「ポジティブ感情」「自己効力感」「ソーシャルサポート」の度合いが高い状態だと考えれば、レジリエンスに対する理解も深まると思います。

以下ではレジリエンスに対する基本的な考え方を前提にしながら、本書ではまだ詳しくふれていないストレスに焦点を絞り、ストレスを克服する具体的方法、すなわちストレス・コーピングについて見ていくことにしましょう。先にもふれたように、相互に強化関係にあることから、ストレス・コーピングの技術を高めることは、レジリエンスを強めることでもあると理解してください。

●ストレス・コーピング戦略

ストレス・コーピングとは、ストレス要因（ストレッサー）やストレスから生じる感情に働きかけて、ストレスを取り除いたり緩和したりします。ここでは具体的なストレス・コーピングの技術についてふれる前に、ストレス・コーピングを五類型に分けて考えてみます。[3]

①問題焦点型コーピング（Problem-Focused Coping）

ストレスの原因や問題への対処に焦点を当てるコーピング戦略です。具体的な問題を解決するためのアプローチであり、リソースの効果的な利用や計画的な行動が含まれます。例えば、仕事のストレスに対して具体的なスケジュールの見直しやタスクの優先順位付けなどで対処すれば、これは問題焦点型コーピングの実践になります。

②情動焦点型コーピング（Emotion-Focused Coping）

ストレスを感じた際の情動のコントロールに焦点を当てるコーピング戦略です。このアプローチでは、感情の受容や認識、リラクゼーション、ポジティブな思考の促進などが含まれます。具体的な問題に対処するのではなく、ストレスが引き起こす感情や心理的な不安に対処するのが情動焦点型コーピングの特徴です。

③従事型コーピング（Engagement Coping）

ストレスに積極的に従事し、問題解決や成長を促進するアプローチです。困難な状況に向き合い、積極的に学び、成長しようとする態度が特徴です。このコーピング戦略は、逆境を克服して自己成長を目指す人に適しています。

④撤退型コーピング（Disengagement Coping）

ストレスに対処する代わりに回避や撤退を選ぶコーピング戦略です。問題に直面せず、避けることでストレスを和らげるアプローチです。これは一時的にはストレスを減少させる可能性がありますが、しかし長期的には問題を解決しないままになることが懸念されます。

⑤能動型コーピング（Active Coping）

ストレスに対処するために、潜在的なストレスを察知し衝撃を事前に緩和するコーピング戦略です。問題解決や計画的な行動、自己管理の強化などがこれに含まれます。このアプローチは、状況への積極的な介入を通じてストレスを軽減するものであり、能動的なアプローチが求められる状況に適しています。

いずれのコーピングも重要ですが、仮に問題焦点型コーピングに尽力したとしても、それでもやはりストレスには遭遇するものです。その時、私たちは気分が落ち込んだりくよくよしていたりすると、従事型コーピングや能動型コーピングに対応できず、撤退型コーピングで問題を対処する傾向が強まります。ただし、撤退型コーピングには問題を放棄したまま見て見ぬ振りをする懸念が残ります。これを回避するには、情動焦点型コーピングの技術を高めることが重要になります。その代表的な手法として、ここではまず、心理療法家アルバート・エリスが提唱したＡＢＣ理論についてふれたいと思います。

●誤った信念に気づく

アルバート・エリスは、アメリカの心理療法家で、認知行動療法の創始者の一人として知られています。認知行動療法は、個人の信念や考え方が感情や行動に与える影響に着目する点を特徴にしており、その中心理論がＡＢＣ理論です。

ＡＢＣ理論は、感情や行動の原因として考えられるプロセスを説明する心理学的なモデルで、特定の出来事や状況に対する個人の反応を以下の三つの要素に分けて考えます。[4]

まず、「Ａ（Activating Event）：活性化事象」です。これは特定の出来事や状況を指しています。

この出来事が起きた際、個人はそれに対して感情や反応を示します。

次に「B（Belief）：信念」です。その人が特定の活性化事象に対して抱く信念や考え方を指します。ABC理論ではこの信念が個人の感情や行動に大きな影響を与えると考えます。

最後に「C（Consequence）：結果」です。AとBに基づいて生じる結果や行動を示します。ABC理論では、個人の感情や行動（C）が、特定の活性化事象（A）に対する信念（B）に基づいていると考える点がその基本的な立場になります。

身近な出来事をABC理論で説明してみましょう。私は予期せず仕事で失敗をしでかしました（A）。私は無意識に「私は完璧でなければならない」「失敗は許されない」と考えています（B）。その結果、強いストレスや自己評価の低下、気分の落ち込みを感じました（C）。

この例では、仕事での失敗が活性化事象（A）であり、その失敗に対する信念（B）が強迫的な要素を含んでいます。その結果として、強いストレスや自己評価の低下が生じるパターン（C）を、ABC理論の枠組みによって説明できます。

しかし、「私は完璧でなければならない」「失敗は許されない」は正しい信念でしょうか。世の中に完璧な人間などおりません。であるならば、私が完璧でいられるはずがありません。また、失敗をしない人間など世の中に存在しません。失敗が許されないのであれば、私の存在自体が否定されるでしょう。つまり、これらはいずれも誤った信念に該当します。さらに、結果的に生じた強いストレスや自己評価の低下、気分の落ち込みも、誤った信念を正すことで、異なる結果になるはずです。例えば、「あらゆる人間は完璧ではないのだ」と信念を書き換えてみましょう。するとその結果、「だから失敗もあるさ」との判断に至り、「どこが悪かったのか考えてみよう」「次回はこの点を改善しよう」などと、前向きな感情や行動が生じるはずです。

何かの事象に対して機械的に生じた感情や行動の背景には、何らかの思い込みがあるものです。ＡＢＣ理論では、その思い込みに焦点を当てて、適切な感情や行動に変えることを目指します。このため、ＡＢＣ理論を上手に用いると、ストレスや気分の落ち込みを不要に感じる必要がなくなります。つまり、ストレス・コーピングを実践する上でＡＢＣ理論は大いに役立つ技法になります。

●ＳＰＡＲＫモデルを理解する

前出の『子どもの「逆境に負けない心」を育てる本』では、このＡＢＣ理論を基礎に、私たちが持つ感情の仕組みをＳＰＡＲＫモデルとして説明しています。[5] さらにこのモデルでは、代表的な誤った信念を七つにとりまとめ、これを「ネガティブな捉え方のクセを表す七羽のオウム」として示しています。[6] 何かの出来事で嫌な気分になった時、この七羽のオウムに思いを巡らせることで、誤った物事の捉え方を特定でき、それを正すことで嫌な気分を取り除けます。まさにストレス・コーピングですね。それでは、まず、ＳＰＡＲＫモデルがどのようなものか、この点から説明しましょう。

ＳＰＡＲＫモデルは、五つの要素であるＳＰＡＲＫの繰り返しにより、何かの出来事から私たちの感情が生まれ、そこから固定的信念が生じる仕組みを説明しています。基本はＡＢＣ理論と軌を一にしますが、固定的信念が生じる仕組みがより詳しく説明されている印象を受けます。五つの要素を順に見ていきましょう。

まず、「Ｓ（Situation）：出来事」です。これはＡＢＣ理論の「Ａ：活性化事象」に相当するもので、実際に起きた現象を指しています。

次に、「Ｐ（Perception）：捉え方、認識」です。こちらはＡＢＣ理論の「Ｂ：信念」に相当します。出来事に対して、自動的・機械的に生じる解釈の仕方を指します。

続く「Ａ、Ｒ、Ｋ」はＡＢＣ理論の「Ｃ：結果」をより詳細に説明しています。まず、「Ａ（Autopilot）：感情、自動反応」について見ると、こちらは飛行機の自動操縦（オートパイロット）とあるように、出来事に接して自動的に湧き上がる感情や身体的反応（冷や汗やドキドキ感）を指します。

さらに、「Ｒ（Reaction）：行動」です。こちらはその出来事に対する態度や行動を指します。これらには感情が大きな影響を及ぼします。嬉しいときには喜びを表す行動をとるでしょうし、怒っている時には怒りを表す行動をとるようにです。

最後に「Ｋ（Knowledge）：知識」です。こちらは出来事から生じた一連の流れの中で学んだ事柄を指します。この経験が物事の「Ｐ（Perception）：捉え方、認識」を形成します。

以上がＳＰＡＲＫモデルになります。ここで注目したいのは「Ｐ→Ａ→Ｒ→Ｋ」の関係です。仮に信念に相当する「Ｐ：捉え方、認識」が適切でないとします。するとそこからは誤った「Ａ：感情、自動反応」が生じるでしょう。結果、「Ｒ：行動」も不適切になり、「Ｋ：知識」も間違ったものになります。この不適切な知識が「Ｐ：捉え方」をさらに偏ったものにします。

このサイクルが仮にネガティブなものだとすると、その人はネガティブ・スパイラルから抜け出せなくなります。そこで重要になるのが、過去の経験によって形成された「Ｐ：捉え方、認識」に対する検証です。一般に私たちは「Ｓ：出来事」から直接「Ａ：感情」が生まれると考えますが、その間には物事の認識の仕方、つまり「Ｐ：捉え方、認識」が入っています。自分が持つ「Ｐ：捉え方、認識」の枠組みを検証してみましょう。仮に不適切な信念だと判明したら、それを改善することでネガティブ・スパイラルから脱出できます。このあたりの考え方はＡＢＣ理論と同じです。

そこで重要になるのが代表的な誤った信念、不適切な捉え方を示す「七羽のオウム」の理解です。あらかじめ誤った信念の典型を理解し、それを自分の持つ「Ｐ：捉え方、認識」と照合すれば、その適、不適を容易に検証できます。引き続きこの「七羽のオウム」について説明しましょう。

●ネガティブな捉え方のクセを表す七羽のオウム

まず、自分の肩に乗るオウムをイメージしてください。その上で、例えば先と同様、仕事で予期せぬ失敗をしたと仮定してください。するとこのオウムが肩口から私に囁きます。「キミは完璧でなければならない。そもそも失敗などは許されない」のように。すると私は、自動的に落ち込んでしまい、自己評価も低くなります。

この肩に乗るオウムは、私たちの眼前に生じた出来事を、私たちと同時に目撃しています。そして、その出来事を自分で勝手に解釈して、私たちに誤った説明をします。つまり、このオウムこそが私たちの持つ信念すなわち「P：捉え方、認識」です。誤った捉え方を象徴する代表的なオウムは七羽います。次に示すとおりです。[7]

①非難オウム

すぐに他人のせいにするオウムです。物事を極端に「白か黒か」で考えます。しかも一度こうだと決めつけると梃子でも動きません。この不適切な捉え方からは「怒り」の感情が生じやすく、それが行動に悪影響を及ぼします。

②正義オウム

正しいか正しくないかを極度に気にするオウムです。このオウムは正しいと思っていることが誤っていてもその点を理解できません。この捉え方からは「嫌悪」や「怒り」が生じやすくなります。

③敗北者オウム

すぐ他人と比較し、自分は劣っていると感じるオウムです。劣等感が極度に強いオウムです。劣等感は正の方向に向かうと何かを達成するための原動力になります。しかし負の方向に向かうと「敗北感」や「憂うつ」、「自己卑下感」が強まります。

④無関心オウム

問題から目を背け、将来について考えることを避けるオウムです。無関心は現実から逃避するための手段の一つです。この捉え方からは「脱力感」「いまが良ければ良い」などの感情が生じやすくなります。

⑤心配オウム

未来の出来事や可能性に対して過度に心配し、ネガティブな予測に固執するオウムです。このオウムは些細な出来事でも大惨事になると考える傾向があります。その捉え方からは「不安」や「恐れ」「緊張」が生じやすくなります。

⑥あきらめオウム

困難な状況に対して諦めや受け入れが早いオウムです。そのためこのオウムは、自ら積極的なアクションを起こさない傾向が強まります。この捉え方からは「無気力」や「脱力感」「不安」が生じやすくなります。

⑦罪悪感オウム

過去の過ちや行動に対して強い罪悪感を抱えがちで、自分を責めることが多いオウムです。このオウムはすぐに「自分のせいだ」「それは私の失敗だ」と考えがちです。その捉え方からは「罪悪感」や「不安」「焦り」が生じやすくなります。

何かの出来事に遭遇して、ネガティブな感情が自然に湧いてきたら、七羽のオウムをイメージし、誤った信念にとらわれていないかチェックします。先に「キミは完璧でなければならない。そもそも失敗などは許されない」と囁いたオウムは、「正義オウム」の仲間かもしれません。しかも誤った正義を振りかざす困ったオウムです。このオウムを次に示す八羽目のオウムに置き換えます。

⑧励ましオウム

唯一ポジティブなオウムです。このオウムは、困ったことや難しい事態が生じても、七羽のオウムにとらわれることなく、「自分は大丈夫」「この困難はきっと乗り越えられる」と前向きに考えます。この捉え方をすれば「やる気」や「元気」が自ずと生まれます。

「励ましオウム」を肩に乗せて、改めて眼前の出来事を見つめると、異なる感情が湧いてくるのではないでしょうか。その感情は私たちをネガティブな行動からポジティブな行動へと向かわせます。この方法を身につければ、ストレス・コーピングの技術は大いに高まり、引いてはレジリエンスの強化にもつながります。

●感情をコントロールする有効テクニック

七羽のオウムは、私たちが往々に犯してしまいがちな、物事の誤った捉え方を正すのに威力を発揮します。これは先にふれた情動焦点型コーピング（ストレスを感じた際の感情コントロールに主眼を置くコーピング）の一つになります。ここでは他の情動焦点型コーピングで、身近で有効なテクニックについて考えてみましょう。

誰もが簡単に行える点に着目した場合、運動、生体リズムの理解と睡眠、音楽鑑賞は、最善の情動焦点型コーピングになります。まず運動ですが、すでに第三章で有酸素運動が抑うつ症に効果がある話をしました。水泳やジョギングのハードルが高いのなら散歩もお勧めの有酸素運動になります。

心理学者ロバート・セイヤーは複数の実験から、散歩や軽い運動は、①エネルギーの向上、②緊張の緩和、③楽観性の増大に効果があることを示しています。[8]さらに一〇分程度きびきび歩くことで、「ほとんどの人が一日に経験するピークの量に近いエネルギーを得られることがわかった」と述べています。その上で、増加したエネルギーで緊張は低下し、その効果は少なくとも六〇分間持続する、とセイヤーは付け加えています。[9]

そういえば、哲学者エマニュエル・カントは、散歩を日課にしたことで有名です。カントは規則正しい生活をした人としても著名ですが、もしかすると経験的に散歩がエネルギーの回復に有効であることを知っていたのかもしれません。

次に生体リズムの理解と睡眠です。人間は一般に共通する生体リズムを持っています。中でも二四時間を周期とするサーカディアン・リズムは、私たち人間の活動に深く結びついています。サーカディアンは、ラテン語の「circa（約、だいたい）」と「dies（日）」から成る「circa dise」を語源にしており、「概日リズム」ともいいます。[10]また、サーカディアン・リズムとは別にウルトラディアン・リズムもあります。これはサーカディアン・リズムより周期が短いもので、その典型が九〇分から一二〇分の周期です。

私たちの身体エネルギーはこうした生体リズムの影響を受けて変化します。[11]一般に、身体のエネルギーは、起床後七時間は上昇を続けてピークを迎えます。時間でいうと正午から午後一時頃です。その後三時間は下降を続け、最もエネルギーが低下するのは午後三時〜四時になります。これはウルトラディアン・リズム、サーカディアン・リズム双方で最も低調なタイミングと一致するといわれています。[12] さらにその後三時間は再び上昇し、午後六時〜七時に二度目のピークを迎えてそれ以降は下降を続けます。

前出のセイヤーは、この生体リズムを念頭に置いた上で、①エネルギーの低い時間帯はストレスを最小限にする、②ストレスの多い活動はエネルギーの高い時間に実行する、③微妙で大切な議論はエネルギーの低い時間に行わない、④知的な作業に向く時間（平静・エネルギーの時間帯）と向かない時間（緊張・疲労の時間帯）を理解する、と述べています。[13] 要するに、生体リズムと身体エネルギーに配慮して活動せよ、とのことです。

中でも、生体リズムを無視した睡眠不足は、身体エネルギーに大きな悪影響を及ぼします。睡眠中、身体の細胞が修復され、成長ホルモンが分泌されます。特に深い睡眠段階で、細胞の修復や再生が活発に行われ、身体のエネルギーが補充されます。また、睡眠は学習、記憶、問題解決能力に大きな影響を与えます。十分な睡眠をとることで、新しい情報の処理や記憶の定着が促進され、認知機能が向上します。

そもそも疲労困憊の状況下では、身体のエネルギーおよび認知能力がともに低下しています。この状況で何かネガティブな状況に直面したら、さらに将来ネガティブになると、誤った判断をしてしまいがちです。睡眠は身体のエネルギーを補充し、認知活動を活性化させますから、この誤った判断を除去するのに役立ちます。

ストレスの低減に音楽も大きな効果があります。音楽がストレスの低減に効果があるとされるのは、脳と身体の生理学的な反応に及ぶ複数のメカニズムが関与しているからです。音楽は自律神経系に影響を与え、交感神経と副交感神経のバランスを整える効果があります。例えばストレスを与えられたのちにリラックスした音楽を聴くと、無音の場合と比較して、ストレスが高い場合に上昇するコルチゾール値が減少します[14]。

また、音楽はエンドルフィンやオキシトシンなどのホルモン分泌を促進するとも報告されています[15]。これらのホルモンは幸福感や安心感をもたらし、ストレスホルモンの分泌を抑制します。これもまた身近なストレス・コーピングとして有用だと考えられます。

●自分でコントロールできないことは無視せよ

次にもう少し違った角度から情動焦点型コーピングについて考えてみましょう。それはすでに本書でふれた「関心の輪」から、現在抱いている悩みやイライラを見つめ直すものです。

関心の輪は、私たちが関心を持つ対象の全体で、大きく自分でコントロールできる領域と自分ではコントロールできない領域に分割できました。例えば、毎日一時間、英会話の勉強をする目標を立てました。この目標を達成するかしないかは自分次第です。ためにこの目標は自分でコントロールできる領域に属するものになります。

これに対して、自分の英語力を活かして、社内の海外留学試験に合格し、社費で海外留学する目標を立てたとします。試験に合格するには英語力が確かに必要でしょう。また、英語以外の知識も不可欠になるに違いありません。これを身につけるのは、ほとんどが自分でコントロールできる領域の活動です。しかしそれで試験に合格できる保証はありません。また、仮に試験には合格したとしても、自分よりも優秀な社員がやはり合格していて、採用枠の関係から、留学生になれないことも考えられるでしょう。つまり、社内の海外留学試験に合格し、社費で海外留学する目標は、自分ではコントロールできない領域に属するわけです。

いま思い悩んでいることが、自分でコントロールできる領域に属するのか、それとも自分ではコントロールできない領域に属するのか、いずれであるか特定してみてください。仮に自分でコントロールできない領域に属するとわかれば、過度に落ち込んだり悩んだりするのは禁物です。確かに海外留学生試験にチャレンジしたものの、不採用であれば大きな挫折感を覚えるに違いありません。いや、むしろ挫折感を覚えるのが正常な人間です。違ってくるのはここからです。

一方には、採用に漏れたことをいつまでもくよくよ考え、挫折感を引きずっている人がいます。

その一方で、大きな挫折感を味わったものの、すでにそこから立ち直って、新たな目標に向かおうとしている人がいます。この違いはどこから出てくるのでしょうか。

採用か不採用かは自分でコントロールできない領域での出来事です。自分ではコントロールできないのですから、いつまでもくよくよしていても仕方がありません。自分でコントロールできない領域で失敗したら割り切りも必要です。「採用か不採用かは自分でコントロールできない。神のみぞ知る。運が悪かっただけさ」の割り切りです。挫折から立ち直って、新たな目標に向かおうとしている人は、きっとそのように考えたのでしょう。

ここから得られる教訓は、自分でコントロールできない領域での結果に一喜一憂しない、特に過度に憂えないことです。これもストレス・コーピングの重要なテクニックになると思います。

●マインドフルネスによるストレス軽減

さらにもう一つ、情動焦点型コーピングの一つとしてマインドフルネスにふれておきましょう。マインドフルネスは仏教の伝統に根ざした瞑想の実践から派生した概念で、さまざまな志向や先入観を手放し、いまこの瞬間をしっかり意識し、ありのままの経験を受け入れる心の状態を指しています。[16]

マインドフルネスはパーリ語の「sati（サティ）」の英訳で漢訳は「念」になります。マインドフルネスの対義語はマインドレスネスまたはフォゲットフルネス（ぼんやりした散漫な心、気づきのない意識状態）になります。忙しいの「忙」は、「心」が「亡」くなると書きますが、これはまさに「心ここにあらず」です。これはマインドレスネスやフォゲットフルネスの状態、つまり惰性で物事をこなしている状態であり、「心」が「今」ここある「念」とは逆になります[17]。

もっとも誤解してはならないのは、マインドレスネスが不要な訳ではない点です。日々のルーチン活動にマインドレスネスは欠かせません。逆にあらゆる行動にマインドフルネスであろうとすると精根も尽き果てそうです。要はそのバランスをとることです。そして、現代の私たちを振り返ると、そのバランスがマインドレスネスの側に大きく偏っています。それ故、意識的なマインドフルネスが必要になります。

マインドフルネスでは、意識的な呼吸や座る瞑想（座禅）などの具体的手法を用いて、意識的な注意、受容的な態度、非判断的な態度を保つことを目指します。現在の瞬間に注意を向けることで、過去や未来への過度な執着や妄想から解放され、ストレスの軽減に効果があると考えられています。また、マインドフルネスが脳の構造と機能に変化をもたらし、ストレス反応の緩和促進も示唆されています。

では、マインドフルネスの具体的手法について見ていきましょう。まず、「意識的な呼吸」からです。これは「マインドフルな呼吸」とも呼ばれているもので、自分の吸う息と吐く息に意識を向けることです。ベトナム出身の僧で、マインドフルネス・ブームの立役者でもあるティク・ナット・ハンは、この呼吸法がマインドフルネス瞑想の基礎になると述べています[18]。

この意識的な呼吸を座りながら実践するのが「座る瞑想（座禅）」になります。一般に座る瞑想では半跏趺坐（足を組んで反対側の足の甲を片方だけ乗せる座り方）になり、両手を両膝の上に置き、背中を伸ばします。座りにくい場合はおしりにちょっと厚めの座布団やクッションをあてます。あとは目をつぶって意識的な呼吸を三〇分から四五分間実行します。最初は一〇分や一五分でも構いません（もちろんもっと短くてもＯＫです）。

このように書くと簡単なようですが、実際に体験してみると、一〇分がとても長く感じるでしょう。また、意識的な呼吸が意外に困難なことにも気づくはずです。注意は呼吸ではなく、すぐに何か別のものに移ってしまいます。これも実際にやってみるとわかります。この場合、息を吸いながら「一」、息を吐きながら「一」と数え、これを「二」「二」「三」「三」と続けていきます。「一〇」までいけば再び「一」に戻ります。こうすれば呼吸に集中しやすくなります。

以上はテクニカルな話ですが、ここでの目的は吸う息と吐く息に集中して、「今、ここ」にいる自分に気づくことです。過去や未来にとらわれない、瞬間、そのまた瞬間を生きる自分の確認です。座る瞑想が習慣になると、個別のストレスに対処して心の安寧を得るだけではなく、目立ったストレスがない時でもマインドフルネスとマインドレスネスのバランスを取れるようになります。

ここでは詳細にふれることはできませんが、マインドフルネスには座る瞑想以外にも、歩く瞑想や食べる瞑想など、多様なテクニックがあります。ストレス・コーピングのために、自分に合う技法を見つけてみてはいかがでしょうか[19]。

●トラウマを負った後にも成長はある

本章の最後にストレス・コーピングの特殊な形態であり、少々センシティブなテーマについてふれたいと思います。それは心的外傷後成長（ＰＴＧ／ポストトラウマティック・グロース）と呼ばれるものです。平易に「トラウマ後成長」と表す場合が多いようです。

トラウマは日常的にも使用される言葉ですが、これは個人が極端なストレスや苦痛を経験し、その経験が精神的な健康に悪影響を及ぼす状態を指します。このようなトラウマを経験したあとに、人が精神的に成長し発展する現象をトラウマ後成長といいます。

トラウマ後成長が発見されたのは、心に深い傷を負うと精神障害が生じるトラウマ後ストレス障害（ＰＴＳＤ／post-traumatic stress disorder）の研究を通じてです。トラウマ後ストレス障害では、苦痛を受けた時の情景をありありと再体験するフラッシュバックが生じたり、トラウマと関連する場所や人物を極端に回避したりします。しかしその一方で、トラウマ後に人間的に成長し、心に傷を負う以前よりもウェルビーイングが高まっている人が多数いることが判明しました[20]。そのためトラウマ後成長と呼ぶようになりました。

トラウマ後成長の特徴の一つとして新たな価値観の獲得があります。これは困難な経験が、個人に以前とは異なる価値観や人生の意味をもたらし、人生や人間関係の本質に対する理解が新たになる傾向です。また、個人的な強さと回復力の再認識も特徴の一つとしてよく見られます。これは個人が逆境に対処し、自分の内面の強さや回復力を発見する過程を指すもので、困難な経験を通じて自分の内なる資源に気づくケースです。さらにもう一つ、感謝の意識の高まりです。これは日常の小さな喜びや幸せに敏感になることで、極端なストレスから得られた洞察が生活に対する感謝の意識を深めるようです。

ただし、トラウマ後成長が起こる条件やパターンは個人差があり、すべての人が同じように経験するわけではありません。また、トラウマ後成長は、困難な状況に陥ることを肯定するものではなく、個人がその過程で得るポジティブな変化の重要性を強調しています。トラウマ後成長について語る際、この点には注意が必要です。

近年、自然災害が猛威をふるっています。被災された方々は想像を超える苦痛を経験されていることと思います。これといったトラウマも経験せず、したがってトラウマ後成長の経験もない筆者が書くのは少々憚られますが、トラウマ後成長が一縷の光になることを心より願っております。

【文献】
（1）クリスチャン・ヴァン・ニューワーバーグ、ペイジ・ウィリアムズ、前掲書『ポジティブ心理学ガイド』二一四〜二一五頁
（2）足立啓美、鈴木水季、久世浩司、イローナ・ボニウェル『子どもの「逆境に負けない心」を育てる本』（法研、二〇一四年）七八〜一〇五頁
（3）五類型の考え方についてはニューワーバーグとウィリアムズの前掲書『ポジティブ心理学ガイド』七一頁を参考にした。
（4）アルバート・エリス、ロバート・ハーパー『論理療法』（國分康孝、伊藤順康訳、川島書店、一九八一年）三三二頁
（5）足立、鈴木、久世、ボニウェル、前掲書五〇頁
（6）足立、鈴木、久世、ボニウェル、前掲書五八〜五九頁
（7）以下、足立、鈴木、久世、ボニウェル、前掲書五八〜五九頁を参考にしている。
（8）ロバート・セイヤー『毎日を気分よく過ごすために』（本明寛監訳、三田出版会、一九九七年）四四頁
（9）セイヤー、前掲書一〇五頁
（10）ジム・レーヤー、トニー・シュワルツ『4つのエネルギー管理術』（青島淑子訳、阪急コミュニケーショ

ンズ、二〇〇四年）四八頁

（11）セイヤー、前掲書『毎日を気分よく過ごすために』三三頁

（12）レーヤー、シュワルツ、前掲書『４つのエネルギー管理術』九二頁

（13）セイヤー、前掲書『毎日を気分よく過ごすために』一八二頁

（14）Stephanie Khalfa, Simone Dalla Bella, Mathieu Roy, Isabelle Peretz, Sonia J Lupien. (2003) 〝Effects of Relaxing Music on Salivary Cortisol Level after Psychological Stress.〟 *Annals of the New York Academy of Sciences*. Nov;999. 374-376.

（15）Mona Lisa Chanda, Daniel J Levitin. (2013). 〝The neurochemistry of music.〟 *Trends in Cognitive Sciences*. Apr;17(4). 179-193.

（16）ティク・ナット・ハン『ティク・ナット・ハンの幸せ瞑想』（島田啓介、馬籠久美子訳、徳間書店、二〇二二年）五頁

（17）ハン、前掲書二五五頁

（18）ハン、前掲書一六頁

（19）ここで紹介したハンの前掲書のほか、ジョン・カバット・ジン『マインドフルネスを始めたいあなたへ』（松丸さとみ訳、星和書店、二〇一二年）、チャディー・メン・タン『サーチ・インサイド・ユアセルフ』（柴田裕之訳、英治出版、二〇一六年）などが参考になる。前者はマサチューセッツ大学医学部の名誉教授の著作で、後者はグーグルで実践されているマインドフルネスを紹介している。

(20) セリグマン、前掲書『ポジティブ心理学の挑戦』二八四～二九一頁

第八章　ポジティブ心理学の展望と課題

●ポジティブ心理学の教育への応用

私たちのウェルビーイングの向上を目標にするポジティブ心理学は、今後ますます研究成果を蓄積していくことでしょう。しかもその成果は学問のための学問にあるのではありません。広く社会にフィードバックされるべきものです。確かな研究成果が人々にフィードバックされることで、社会全体のウェルビーイングはより向上するでしょう。実際に効果が現れている一例として、ポジティブ心理学の教育分野への応用があります。

ポジティブ心理学の教育分野への応用は、学生の学習意欲やメンタルヘルスの向上、レジリエンスの強化に寄与できます。また、教育者や学生および保護者といった、学校に関わる人々のストレス管理やコミュニケーション・スキルの向上にも役立ち、結果、それぞれのウェルビーイングを高められます。

例えば、アメリカで広く実施されているポジティブな教育（ポジティブ・スクーリング）の一つに、ポジティブ行動支援があります。これは生徒のポジティブな行動をポジティブに支援するための枠組みです。その具体的な枠組みの一つとして「ポジティブ・ビヘイビア・インタベーション・アンド・サポート（ＰＢＩＳ）」[1]の活動があります。ＰＢＩＳは、生徒の行動、学業、社会的、情緒的、精神的健康を支援するための、エビデンスに基づいたプログラムです。このプログラムは二〇二三年次において二万五〇〇〇校を超えるアメリカの学校で採用されています。[2]

日本でもポジティブ・スクリーングを支援する日本ポジティブ教育協会[3]や日本ポジティブ行動支援ネットワーク[4]など、民間の活動が活発になっています。また、学校個別でポジティブ心理学の知見を応用する動きも目立ってきています。一例に東京都文京区にある郁文館夢学園におけるレジリエンス教育の取り組み「夢教育」があります。[5]同学園の郁文館グローバル高等学校では、一年次から二年次にかけて一年間の海外留学が必須になっています。ただし、留学先は「一名一校」が原則になっており、日本語で生活できる環境はありません。そのため、留学中に精神的にまいってしまう学生もいるといいます。そのため同学園では、専門のスクールカウンセラーを置くとともに、渡航に備えてレジリエンスの特別授業を実施し、折れない心を持つ生徒の育成で効果を上げています。

また、パッケージ化された既存プログラムを、個々の学校が個別で導入する動きもあります。そのプログラムの一つがＳＥＬです。ＳＥＬは「Social & Emotional Learning」の略で、社会的なスキルや感情の管理、協力、コミュニケーションなど、生徒の社会的・感情的な能力を育むためのプログラムです。これらのプログラムは生徒たちが良好な人間関係を築き、学業成功だけでなく社会での健全な適応力を身につけることを目指しています。

ＳＥＬプログラムは世界の学校で導入され効果を上げていますが、その一つに「ライオンズ・クエスト」があります。[6] これはライオンズクラブ国際協会が普及活動に協力するＳＥＬプログラムです。実際にライオンズ・クエストを学校教育の現場に導入しその効果を報告している、ポジティブ心理学関連の書籍もあります。[7] また、ＳＥＬで共通して注目されている社会的能力を日本の教育事情に合わせて効果的に育成できるようにした「ＳＥＬ‐８学習プログラム」も開発されています。[8]

さらに、ポジティブ心理学の知見を不登校の生徒やひきこもり支援に応用するケースも見られます。例えば心理カウンセラー横内弥生は、不登校やひきこもりを「不動化」の一種と捉え、その対処としてポジティブ心理学の応用を提唱しています。[9] 他にも、生徒に個々の強みやポテンシャルの発見を促すストレングス・ベースド・アプローチや、クラスルーム内でのポジティブな雰囲気や関係構築に焦点を当てたポジティブなクラスルーム・マネジメントなど、教育分野におけるポジティブ心理学の応用は多岐にわたります。

●ポジティブ心理学の組織への応用

次にポジティブ心理学の組織への応用について概観してみます。これはポジティブ心理学を組織内の効果的な運営や従業員の満足度向上などに役立てる動きであり、いまや新たな分野としてポジティブ組織心理学も現れてきました（その第一人者であるキム・キャメロンについては第四章でふれました）。

ポジティブ心理学の組織への応用として最初に挙げるべきなのが、従業員など組織を構成するメンバーのウェルビーイングの向上です。ポジティブ心理学を組織に援用すれば、従業員の幸福感やエンゲージメントの向上に焦点を当てられます。組織が従業員の個々の強みを尊重し、仕事においてその強みを活かす環境を提供すれば、従業員の仕事に対する満足度はより高まり、積極的に仕事に取り組むようになるでしょう。これにより組織の生産性が高まるのは言うまでもありません。

また、ポジティブ心理学は、組織メンバーのリーダーシップを育むとともにその発展を促せます。この点については、第四章でふれた「ポジティブなリーダーシップ」で見たとおりです。ポジティブ心理学はリーダーシップの質を向上させるのに役立ち、リーダーが共感力を発揮し、メンバーの強みを理解し活用すれば、組織内での信頼感を育み、ポジティブな文化を醸成できます。

さらに同じ第四章ではポジティブ心理学がポジティブなコミュニケーションを促す点について多くのページを割きました。これを組織に応用すれば、メンバー間のポジティブな人間関係を構築するのに役立ちます。ポジティブ心理学が推奨する感謝の文化の確立やポジティブなフィードバックの提供は、メンバーの協力やコミュニケーションを円滑にし、チームワークを効果的に支援します。

それからポジティブ心理学の応用によるストレス管理とレジリエンスの向上についても注目しておきましょう。組織はポジティブ心理学を通じて、組織のメンバーがストレスに強くなり、困難な状況に対処できるレジリエンスを養うことをサポートできます。実際この考え方の元、教育現場に取り入れられたのが、先に紹介したＳＥＬプログラムです（もちろんこのプログラムはレジリエンスの強化のみが目標ではありませんが）。いずれにせよ、ポジティブ心理学の原則を取り入れたトレーニングやプログラムは、ストレスの軽減や健康的な働き方の促進に寄与します。

他にもバーバラ・フレドリクソンが「拡張‐形成理論」で示したように、ポジティブ心理学は組織におけるイノベーションと創造性の促進にも活用できると思います。これらの応用を通じて、ポジティブ心理学が組織のパフォーマンスや従業員のウェルビーイングを向上させ、持続可能な成功への寄与が期待されます。

●テクノロジーの有効活用

ポジティブ心理学は教育や組織への応用のほか、ヘルスケアやスポーツ心理学も有力な応用先になります。ポジティブ心理学は健康促進や疾病予防にも応用できますから、患者の心理的な健康を向上させ、治療効果をサポートするヘルスケア支援に非常に有効です。加えて医療従事者のストレス管理や仕事への満足度向上にも役立つはずです。

また、スポーツ心理学に目を向けると、ポジティブ心理学はアスリートやコーチング・スタッフのパフォーマンス向上やメンタル・タフネスの構築に役立てられます。アスリートの強みの育みとその活用には、ポジティブ心理学の知見がダイレクトに活用できます。ポジティブなフィードバックの技術は、アスリートの弱点の改善に効果があるでしょうし、ポジティブ心理学を通じてストレス管理やレジリエンスあるいはメンタル・タフネスを向上させられます。

以上に見てきたようにポジティブ心理学の応用範囲は多岐にわたります。さらにここでは、これら全般に関連するキー・ファクターとして、デジタル・テクノロジーの有効活用に注目しましょう。例えば、デジタル・テクノロジーを活用すれば、リアルタイムでデータを収集でき、時を置かずにフィードバックできる環境を手にできます。現代のアスリートを想起してみてください。自分のパフォーマンスをスマホやタブレットでビデオ撮影し、パフォーマンス終了直後にその様子をコーチと一緒に確認する風景はもはや珍しいことではありません。これはデジタル・テクノロジーを活用して、アンダース・エリクソンが提唱する限界的練習を実践している極めて身近な例です。

右記でふれたアスリートの例の場合、デバイス（ハードウェア）に注目している側面が強いです。しかし現在のデジタル・テクノロジーの持ち味はデバイスだけではありません。これに加えてアプリケーション、それにクラウドを通じたサービス、これら三者が密接に関連しているのが、現在のテクノロジーの大きな特徴になっています。例えば、アップル・ウォッチのように身につけるデバイスをウェラブル・デバイスといいます。ウェラブル・デバイスに健康状態をモニタリングできるアプリケーションが入っていれば、生体情報をリアルタイムで収集できます。さらにそのデータをクラウドに蓄積し、必要な時にフィードバックできれば、個人が健康的な習慣を維持するのに役立ちます。これらのデバイス、アプリケーション、クラウドの組み合わせは、健康促進や疾病予防をデジタル・テクノロジー面から複合的にサポートします。

さらに、クラウド上に蓄積されたビッグデータをＡＩが分析すれば、ポジティブ心理学が活用できる未知の知見が見つかる可能性もあるでしょう。加えて、蓄積されたデータをもとに学習プログラムも作成できます。そうすれば、ポジティブ心理学を応用したオンライン教育やトレーニングに活用できます。

その他、ポジティブ心理学が重視するマインドフルネス瞑想にもデジタル・テクノロジーを活用できます。例えば、オンラインによる瞑想法の指導や、仲間と一緒に遠隔でのマインドフル瞑想などは、いまでもすぐに行えます（というか、すでに始まっていると思います）。その際に、生体情報がリアルタイムで収集され、その情報が自身にフィードバックされれば、私たちはより効果的な瞑想を行えるでしょう。

テクノロジーとポジティブ心理学の統合は、個人やコミュニティの幸福度向上、メンタルヘルスの向上、健康的な習慣の養成など、ウェルビーイングの向上に新たな可能性をもたらします。同時にそれらのサービスを提供する新たなビジネスが次々と現れてくることでしょう。

●ポジティブ心理学が持つ今後の課題

以上、本書ではポジティブ心理学の全体像を簡潔に整理してきました。残されたのはポジティブ心理学が持つ今後の課題についてです。イローナ・ボニウェルは著作『ポジティブ心理学が1冊でわかる本』の中で、ポジティブ心理学の課題について八項目を列挙しています[10]。そちらも参考にしながら、今後の課題について考えて、本章の終わりにしたいと思います。

まず、歴史的ルーツの認識不足です。これはボニウェルがポジティブ心理学の課題として取り上げた八項目うち冒頭に挙げているものです。そもそも、ポジティブ心理学が取り扱うトピックには数千年の研究成果があります。早くも紀元前四世紀、ギリシア哲学者アリストテレスはエウダイモニア（幸福）について考え、その実践として観想的生活（テオーリア）を推奨しました。ポジティブ心理学関連の書籍にはエウダイモニアを取り上げているものがしばしばあります。しかしそれは数千年の歴史の中の一トピックにしか過ぎず、それ以降から現代に至る成果についても目配りする必要が当然あります。

例えば直近の例として、人間性心理学の研究成果に対するポジティブ心理学のアプローチがあります。人間性心理学は心の病に焦点を当てるのではなく、人間の精神的成長や価値的成長に注目し、健康な人がより健康になることを目指す学問領域です。そのため「健康心理学」とも呼ばれました。一九五〇年代のアブラハム・マズローらの活動が端緒となり、一九六〇年代初頭には、心理学界の二大潮流だった行動心理学と精神分析に次ぐ「第三の心理学」と呼ばれ、現代に至っています。つまり心理学の短い歴史において、人間のプラス面に着目したのは、決してポジティブ心理学が嚆矢ではありません。それにも関わらずポジティブ心理学では人間性心理学の成果を十分には取り入れていないのが現状のようです。仮に、ポジティブ心理学が過去の多くの研究成果を無視するのであれば、かつて行われた研究を繰り返す可能性があり、それはとても無駄なことです。これがポジティブ心理学に対する歴史的ルーツからの批判です。

右記で見たポジティブ心理学への批判が時間的な観点からのものだとすると、空間的な観点からの批判も考えられます。それは文化の多様性への対応です。ポジティブ心理学は主に西洋文化に基づいて発展してきました。今後は異なる文化や背景におけるポジティブ心理学の応用に焦点を当て、異文化間での一般性と特異性の理解が求められます。異なる価値観や信念を考慮に入れながら、より包括的かつ多様性を尊重したアプローチが必要になるのでしょう。

また、ポジティブ心理学の手法面では、批判的な検証と再現性の向上が大きな課題になっています。ポジティブ心理学では、その研究態度において常に科学的であることをモットーにしています。しかしながら、ボニウェルも指摘するように、「検証の足りない発見から大きな結論を導く[11]」傾向があるようです。

例えば、ポジティブな人生を送るには、ポジティビティとネガティビティの比を三対一にすべきだとした「三対一の法則」は、のちに提唱者であるバーバラ・フレドリクソンによって公式に撤回されたことはすでに述べました。また、ポジティブ心理学者ソニア・リュボミアスキーは、個人が持つ幸福感の決定要因は、遺伝による規定値（五〇％）、意図的な行動（四〇％）、環境（一〇％）だと主張しました[12]。しかし、少数の調査結果を一般化し過ぎではないか、環境の一〇％はあまりにも低過ぎるのではないかなどの批判が相次ぎ、のちにこの数字も撤回されています[13]。

哲学者カール・ポパーは、ある仮説が実験や観察によって反証される可能性があるかどうかが、科学と疑似科学を分ける境界だと述べました。これを反証可能性といいます。フレドリクソンやリュボミアスキーの仮説は、反証可能性があったからこそ撤回されたのでしょうし、その意味でポジティブ心理学は科学として機能しているといえます。しかしながら、研究の方法論や統計手法の改善を通じて、発見のより厳密な検証が求められるでしょうし、再現性の確保にもさらなる取り組みが必要であるようです。

他にも、ポジティブ心理学がポジティビティをあまりに強調し過ぎているのではないかとの批判もあります。第三章で日本人は遺伝的に物事をネガティブに捉える人が多い点についてふれました。また、ネガティブな傾向を持つ人が結果に期待を持たない防衛的悲観主義をとることで、心の安定を得ている点についてもすでにふれました。防衛的悲観主義をとる人が、ポジティブ心理学の影響で急に楽観的な態度をとるようになると、期待した結果にならなかった場合の気分の落ち込みは想像以上に大きくなるでしょう。これはポジティビティとネガティビティのバランスを取ったアプローチの必要性を物語っており、人生のさまざまな側面に対処するための包括的な理論や手法の発展が求められます。

これら以外にも、ポジティブ心理学が「ポジティブ教」のイデオロギー運動に発展する危険性、ポジティブ心理学の介入やプログラムによる長期的な影響についての理解の不足などの批判があります。これらの批判や課題を乗り越えて、ポジティブ心理学が私たちのウェルビーイングの向上により資することを期待したいと思います。

【文献】

（1）Positive Behavioral Interventions and Supports（https://www.pbis.org）
（2）What is PBIS?（https://www.pbis.org/pbis/what-is-pbis）

（3）日本ポジティブ教育協会（https://j-pea.org）

（4）日本ポジティブ行動支援ネットワーク（https://pbsjapan.com）

（5）足立、鈴木、久世、ボニウェル、前掲書二四～二六頁。郁文館グローバル高等学校（https://www.ikubunkan.ed.jp/ghs/）

（6）ライオンズ・クエスト・プログラム（https://lionsquest-japan.org）

（7）横田秀策『ウェルビーイングな学校づくりのためのポジティブ心理学』（アルテ、二〇二三年）第七章参照。

（8）SEL-8学習プログラム（https://j-sel.org/program/）

（9）横内弥生『不登校・ひきこもり支援のためのポジティブ心理学』（アルテ、二〇二三年）二一～二三頁、第八章参照。

（10）イローナ・ボニウェル『ポジティブ心理学が1冊でわかる本』（成瀬まゆみ訳、国書刊行会、二〇一五年）の「第15章 ポジティブ心理学の未来」参照。

（11）ボニウェル、前掲書三二〇頁

（12）リュボミアスキー、前掲書『幸せがずっと続く12の行動習慣』三三二頁

（13）小林正弥、前掲書『ポジティブ心理学』九二頁

あとがき

本書の第五章で「強み（自分が持っている資質の傾向）」を特定できる「VIA‐IS」について紹介しました。実際にこの診断テストを試されてみたでしょうか。まだの人はぜひともチャレンジしてみてください。いままで気がつかなかった自分に気づくこともあれば、従来からの認識を改めて確認できることもあると思います。

まだ受診していない人の興味が湧くように、ここでは私の受診結果を簡単に紹介します。本書では私事については記述しませんでしたが、「あとがき」ですから、まぁ少しくらいは構わないでしょう。

受診の結果、私のトップ5を見ると「誠実さ」「審美眼」「スピリチュアリティ」「ユーモア」「創造性」の順になりました。このうち「審美眼」「スピリチュアリティ」「ユーモア」は、六つの美徳のうち「超越性」に関わるものです。また、トップの「誠実さ」は「勇気」の美徳、「創造性」は「知恵と知識」の美徳に結びついています。「超越性」に関する項目が三つ入っている点については、「やはりそうだったか」と納得する反面で、「審美眼、そんなに高いかな？」と、少々驚きでもありました。

この診断では二四の項目を強みと称していますが、やはりこれは理由がよくわからないけれど、なぜか惹かれてしまうもの、つまり自分が大切にしている「価値」の意味合いが強いように思います。ですから私の場合、「誠実さとユーモアをモットーに美や精神性を持つ対象の追求」が私の価値観に沿うことなのでしょう。これを追求していけば、私自身の強みはより強化され、高いウェルビーイングを達成できると解釈できるように思えます。もちろん追求のための手段は、私のたぶん天職である「執筆」（創造性）によってなのでしょう。とまぁ、こういうふうに書くと、ちょっと我田引水的な気もしますが。

そこでバランスをとるために、下位にランクされた私の傾向についても紹介しておきますね。列挙されたのは五つではなく四つで、最下位から順に「リーダーシップ」「社会的知性」「大局観」「チームワーク」になりました。しかしこの結果には苦笑せざるを得ません。

私は協調性がないわけではありませんが（そう願っております）、長らく自分一人を頼りとする執筆活動に従事してきましたから、そもそも「リーダーシップ」や「チームワーク」はあまり重要ではなかったのかもしれません。いや、なかったのでしょう（と開き直ります）。また「社会的知性」も人間関係と深く関わるものですから、人づき合い系は私の苦手な分野なのかもしれません（といいますか、実際にあまり得意ではありません）。ただ、「大局観」は意外に備わっているんじゃないかと思っておりましたが、あっさり否定されました。残念です。

なお、トップ5に次いでは「向学心」「公平さ」「忍耐力」が続いていました。私はこの「忍耐力」、言い換えると「やり抜く力＝グリット」のスコアはもう少し高いのかなと勝手に思っていましたがそれ程でもなく、やはりこういう点は診断してみないとわからないものです。

このような感じで、まぁ、いろんな発見があったりします。自分を振り返るのにいいツールだと思います。私が受診したのは無料バージョンですので安心して利用できます。ぜひともご活用ください。もちろん本書についてはそれ以上に活用してもらえることを心より期待しております。

最後に、毎回のことながら本書はアルテの市村敏明社主の企画で成立したものです。市村さんにはこの場を借りて厚くお礼を申し上げます。

二〇二四年三月

筆者識す

マ行

ヤ行

ラ行

ワ行

サ行

索 引

◆著者

中野　明（なかの　あきら）

1962年、滋賀県生まれ。立命館大学文学部哲学科卒業。ノンフィクション作家。同志社大学理工学部嘱託講師。著書に『マズロー心理学入門』『マズローを読む』『マズロー100の言葉』『人間性心理学入門』『アドラーを読み解く』（以上、アルテ）、『超図解「21世紀の哲学」がわかる本』『図解 影響力の心理学』（以上、学研プラス）、『図解・最新 心理学大事典』『図解・最新 哲学大事典』（以上、秀和システム）ほか多数。

ポジティブ心理学の教科書
――ウェルビーイングな生き方を求めて

2024年4月25日　第1刷発行

著　　者　　中野　明
発 行 者　　市村　敏明
発　　行　　株式会社　アルテ
〒170-0013　東京都豊島区東池袋2-62-8
BIGオフィスプラザ池袋11F
TEL.03(6868)6812　FAX.03(6730)1379
http://www.arte-pub.com
発　　売　　株式会社　星雲社
（共同出版社・流通責任出版社）
〒112-0005　東京都文京区水道1-3-30
TEL.03(3868)3275　FAX.03(3868)6588
装　　丁　　川嵜　俊明
印刷製本　　シナノ書籍印刷株式会社

ISBN978-4-434-33652-2 C0011